DEKORATIVE MALEREI

Alte Techniken, neu entdeckt

Titel der Originalausgabe: „Peintures Décoratives – Techniques artisanales oubliées“
Aus dem Französischen übertragen von Christa L. Cordes
und bearbeitet von Günther Zborowska

2. Auflage 1999
Alle Rechte der deutschsprachigen Ausgabe
bei Edition Michael Fischer GmbH, München

Herstellung und Satz:
Verlagsservice Henninger GmbH, Würzburg

Printed in Italy

ISBN 3-926651-41-5

Roger Le Puil

Dekorative Malerei

Alte Techniken, neu entdeckt

Aus dem Französischen übertragen
von Christa L. Cordes
und bearbeitet
von Günther Zborowska

EDITION
MICHAEL FISCHER

Danksagungen

Edition Michael Fischer und die Übersetzerin danken Herrn Malermeister und Restaurator Günther Zborowska für die freundliche Unterstützung und Beratung in allen technischen Fragen.

Dessain et Tolra danken den nachstehend aufgeführten Personen und Unternehmen für die Abdruckgenehmigung der Fotos auf folgenden Seiten:

Monsieur und Madame Bonte, France Vitrail International, 92000 Nanterre (S. 15, 91, 95)
Monsieur Mazarguil, Chez Georges, 75017 Paris (S. 15)
Monsieur Chazal, Le Train Bleu, Gare de Lyon, 75012 Paris (S. 23)
Monsieur Lachassagne, Schriftenmaler, 93220 Gagny (S. 29)
Éts Heude, 93320 Pavillons-sous-Bois (S. 28)
Éts Leroy, 75011 Paris (S. 29)
Monsieur Payelle, Abteilung für Öffentlichkeitsarbeit, Louvre, 75001 Paris (S. 37)
Prof. Amblard, IPEDEC, 93500 Pantin (S. 45)
Portes Gardesa, 29016, Cortemaggiore, Italien (S. 47)
Monsieur Dupin, Portes Husky, 44270 Machecoul (S. 47)
Messieurs Dupont und Goupilleau, Landwirtschaftskammer, 75008 Paris (S. 59)
Madame Ambonville, Apothekerin, 93130 Noisy-le-Sec (S. 77)
Monsieur und Madame Heurtier, 07260 Rosières (S. 85)

Alle weiteren Abbildungen stammen vom Autor.

Vorwort

Ich habe die große Freude, Ihnen das neueste Werk meines Freundes Roger Le Puil vorzustellen: „Dekorative Malerei – alte Techniken, neu entdeckt", in dem der Autor nach seinem ersten Buch „Die Technik des Patinierens und der Imitation" nun sein umfangreiches Wissen als Dekorationsmaler zusammenfaßt. Als hervorragender Kenner seines Metiers versteht er es in beiden Werken, jene handwerklichen Fähigkeiten verständlich zu beschreiben, die in früheren Zeiten von den alten Meistern an die Jüngeren mündlich weitergegeben wurden und die einen unvergleichlichen Wissensschatz bedeuten.
Auf klare und des hervorragenden Pädagogen würdige Weise, der er ist und immer war, stellt er die teilweise vergessenen Techniken dar.

Für wen ist dieses Werk bestimmt?
Nun, zunächst einmal für alle angehenden Maler und Dekorateure, die sich in der Ausbildung befinden, neugierig sind und ihr Wissen erweitern wollen, und für alle Lehrenden auf diesem Gebiet, die ihre Kenntnisse perfektionieren und ihren Unterricht noch fesselnder gestalten möchten. „Dekorative Malerei" wendet sich ferner an Meister und Gesellen sowie an Innenarchitekten. Darüber hinaus ist es eine kostbare Fundgrube für alle geschickten Hobbykünstler, deren Anzahl in die Legionen geht.

Robert Le Puil beschränkt sich nicht darauf, Texte zusammenzutragen. Er hat eine neue Methode entwickelt und wird als derjenige in die Analen eingehen, der den folgenden Generationen einen wahren Schatz an Wissen übermittelt, das in Vergessenheit zu geraten droht, und unserem Gewerbe sowie denen, die es ausüben, zu größerer Anerkennung verhilft.

Ein solches „Bindeglied" zwischen den Generationen ist außerordentlich begrüßenswert. Mit Roger Le Puils Hilfe können wir ein kostbares Kapital in die Zukunft hinüberretten. Sein Name wird als der eines verdienstvollen Lehrers in Erinnerung bleiben, der sich leidenschaftlich für alle Aspekte seines Berufs eingesetzt hat. Er war es, der die Basis für das Institut Supérieur de Peinture décorative in Paris schuf, und er gehörte zu dessen Mitbegründern. An dieser Stelle sei ihm nochmals dafür gedankt.

François Delacampagne
Ehemaliger Präsident des Handwerksverbandes
der Malerbetriebe von Paris und seiner Region
Ehemaliger Vizepräsident des Französischen
Innungsverbandes der Maler und Glaser

Inhalt

Einführung

Dieses Werk befaßt sich mit einigen dekorativen Techniken, die heutzutage nur noch selten angewendet werden, obwohl sie immer noch gültig sind und sich leicht durchführen lassen. Sie stellen einen wertvollen Teil unseres traditionellen Erbes dar, das in Vergessenheit zu geraten droht.

Die meisten hier gezeigten Arbeiten leiten sich von den alten Praktiken der Plakat- und Schriftenmalerei, der Dekorationsmalerei sowie der Innenausstattung ab. Sie sind verständlich erklärt und daher allen Fachleuten und geschickten, sorgfältig arbeitenden Hobbykünstlern zugänglich. Das entbindet jedoch niemand von einigen Probearbeiten. Diese sind die unabdingbare Voraussetzung für das Gelingen der ersten Werke.
Bei der Anfertigung der Arbeiten wird sich der Unterschied zwischen dem Fachmann und dem Amateur vor allem darin erweisen, wie und mit welcher Leichtigkeit der Maler aus der freien Hand Motive vom Hintergrund abhebt, Raster mit dem Lineal zieht, äußerst saubere Verwaschungen etc. anfertigt oder zum häufig erforderlichen Abkleben oder Abdecken mit Schablonen und selbstklebendem Papier greift.

Wir hoffen, Ihre Hände werden den Beweis dafür liefern, daß diese traditionellen dekorativen Techniken, für die nur einfaches Handwerkszeug erforderlich ist, wirklich der Mühe wert sind.

Praktische und technische Ratschläge

Auf den ersten Seiten dieses Kapitels finden Sie die Hauptbegriffe, die in den folgenden Texten ständig wieder auftauchen werden. Es ist daher wichtig, daß Sie deren Bedeutung kennen, um die Bestimmung eines Produktes und den Sinn einer Handlung zu begreifen und eine gute Wahl des Zubehörs vornehmen zu können.
Die darauf folgenden Ratschläge beziehen sich im wesentlichen auf die Arbeiten, die in diesem Buch vorgestellt werden. Grundsätzliche Erläuterungen und ausführlichere Erklärungen über die Vorbereitung des Untergrunds, die Grundierungen, die Anlage des Malgrunds, die Verwendung von Bronzen, die Pinsel etc. finden Sie systematisch geordnet in dem Band „Die Technik des Patinierens und der Imitation" (vom selben Autor).
Leser, die noch wenig Erfahrung mit der dekorativen Wandmalerei, mit Lasuren oder der Imitation von Material besitzen, seien darauf verwiesen. (Siehe auch Glossar am Ende dieses Buches).

Entwürfe

Alle beschriebenen Arbeiten erfordern eine Vorstudie: je nach Schwierigkeit der Ausführung eine Skizze oder einen Entwurf. Häufig wird es sich um eine Zeichnung im Maßstab 1:1 handeln. Dafür verwendet man Pauspapier, da man durch Nachziehen mit einem Stift anschließend folgende Arbeiten erledigen kann:

- Übertragen der Zeichnungen auf das Schablonenpapier oder den eigentlichen Malgrund;
- Motivwiederholungen (Friese, symmetrische Zeichnungen);
- Anfertigung einer Pause;
- Umkehrung der Zeichnung für Hinterglasarbeiten.

Je nach Werk fertigt man entweder eine Skizze zum Studium der korrekten Proportionen an (imitierte Gitter, Türfüllungen), eine Zeichnung im echten Maßstab (imitierte Gravuren, imitierte Hinterglasmalerei) oder einen Entwurf in einem kleineren Maßstab, der die in Aussicht genommene Arbeit mit allen oder den wesentlichen Farben sowie den Details der Ausführung zeigt.
Bei dem zuletzt genannten, stärker ausgearbeiteten Entwurf handelt es sich gleichzeitig um jene Unterlage, die man dem Auftraggeber zur Prüfung vorlegt.
Der farbige Entwurf ermöglicht die Beurteilung der vorgesehenen Farbenharmonie. Die Auswahl der Farben läßt sich erleichtern, indem man Farbmuster der Hersteller einander gegenüberstellt und sich an den Ort des künftigen Werkes begibt, um die Nuancen unter normalen Lichtverhältnissen zu prüfen.

Vorzeichnung

Da Wandmalereien, Friese, imitierte Holztafeln etc. stets auf einen zuvor angelegten Untergrund aufgetragen werden, benötigt man vor Anlage der Vorzeichnung mit einem Stift etliche Anhaltspunkte aus einem leicht wieder zu entfernenden Material. Diese ersten Striche werden mit Kreide, Zeichenkohle oder auch einem Schnurschlag gezogen (siehe Glossar am Ende des Buches).
Bei der endgültigen Linienführung mit dem Stift entstehen also keine Fehler mehr. Schwieriges Verbessern auf dem empfindlichen Malgrund wird vermieden. Negativ- und Positivschablonen und Pausen sind eine zusätzliche Hilfe.

Abkleben

Häufig folgen der Vorzeichnung das Abkleben oder Abdecken, um bestimmte Abschnitte vor dem Farbauftrag zu begrenzen und deren Umreißen zu erleichtern.
Zu diesem Zweck gibt es spezielle Klebebänder unterschiedlicher Breite für gerade und geschwungene Linien, Abdeckfolie (selbstklebender Film mit Schutzpapier) zum Ausschneiden als Einzelblätter oder als Rolle, abziehbare Lacke und die althergebrachten Zinn- und Bleifolien. Man hüte sich vor gewissen selbstklebenden Mitteln, die Spuren hinterlassen können. Dies gilt u.a. für abziehbare und wiederverwendbare sprayförmige Folien.
Für Hinterglasarbeiten sind Spezialabdeckmaterialien im Handel erhältlich.

Vorarbeiten und Zubehör

Poröser Malgrund, Metalle, sehr glatte Flächen etc. benötigen eine Grundierung oder je nach Einzelfall eine Spezialbehandlung. Siehe dazu die besonderen Hinweise.
Die Farbe für den Malgrund kann aus seidenglänzender Alkydharz- oder Acrylfarbe bestehen. Nach dem Grundieren und dem ersten Schmirgeln kann eine Spachtelung erforderlich werden. Es folgen der Zwischenanstrich sowie der Schlußanstrich. Der Zwischenanstrich sollte mit einem auf den Schlußanstrich abgestimmten Vorlack erfolgen.
Für Dekors, Ornamente, schmale Streifen, Profilleisten etc. lassen sich folgende Farben verwenden:
- Ölfarben in Tuben;
- Alkydharzfarbe in kleinen Dosen, die man aus einer Farbenkarte wählt und die miteinander gemischt werden können.

Alle Farben lassen sich mit Universal-Abtönpasten verändern. Dabei nuanciert man entweder den gekauften Ton, oder man geht von Weiß aus (bis maximal 6 % bis 8 % seines Volumens). Geeignet sind auch die materialgleichen Tubenfarben, angesichts ihres Preises allerdings nur für geringe Mengen zu empfehlen. Im Gegensatz zu den Universal-Abtönpasten kann man sie für kleine Flächen auch direkt auftragen. Zum Verdünnen von Alkydharzfarben, zum Reinigen eventueller Farbspuren und der Pinsel verwendet man Terpentinersatz oder spezielle Pinselreiniger.

Bei Arbeiten hinter Glas reinigt man die Fläche mit einer Mischung aus Schlämmkreide und Brennspiritus. Alte Farben werden mit einer scharfen Klinge (Kleinhobel) entfernt.
Manche Arbeiten, so das Aufziehen von Stoff, erfordern die Verwendung von Zinkweiß, das in Öl angerieben erhältlich ist.

Pinsel

Für die in diesem Werk beschriebenen Arbeiten benötigt man Flachpinsel unterschiedlicher Breite (vom Typ „Modler" oder „Borstvertreiber"), diverse Malerpinsel, Schrägstrichzieher, Netzpinsel, Rotmarderpinsel mit runder und gerader Spitze für schmale Striche und Konturen, sogenannte „Ritzer", sowie weiche Vergolderpinsel (siehe Vergolden). Für Acrylfarben sind Kunstfaserpinsel mit speziell entwickelten Borsten zu empfehlen.
Pflege: Malerpinsel werden je nach verwendeter Farbe mit warmem Wasser und Seife oder Terpentinersatz gereinigt und anschließend in Wasser gehängt. Alle anderen Pinsel werden ebenso gesäubert, und manche zum Abschluß leicht mit Schweineschmalz eingefettet (Vergolder- und Rotmarderpinsel).
Diese Pinsel müssen liegend oder auf dem Stiel stehend in einer „Pinselrolle" aufbewahrt werden.

Lasuren und Firnisse

Für transparente, verwaschene Partien verwendet man unterschiedliche Lasuren:

- Traditionelle Öllasur (1/3 Öl, 2/3 Balsamterpentin, etwas Sikkativ (maximal 3 Vol.-% auf den Ölanteil) sowie pulverförmige Farbpigmente oder Ölfarbe in Tuben). Wegen der relativ langsamen Trocknung kann man sich beim Arbeiten Zeit lassen. Die Lasur benötigt in manchen Fällen einen Schutzüberzug.
- Lasur aus mit Terpentinersatz verdünnter Alkydharzfarbe oder mit Wasser verdünnter Acrylfarbe. In beiden Fällen ist die Zeitspanne zum Arbeiten wegen der raschen Trocknung relativ kurz. Diese Lasuren sollten möglichst nur für Innen verwendet werden. Ein Schutzüberzug ist angeraten.

Seidenglänzende, matte und glänzende Alkydharzlacke haben wegen des Lithoponeanteils des Lackes einen Gelbstich des Lasurdekors zur Folge.
In Innenräumen eignen sich farblose Lacke – sowohl matte, seidenglänzende und hochglänzende Acryllacke – als Schutz für Dekors aus Acrylfarbe oder matter bzw. satinierter Alkydharzfarbe. Zuvor muß die Fläche allerdings entfettet werden (mit leichtem Salmiakwasser oder in Wasser bzw. Spiritus eingerührter Schlämmkreide).
Zum raschen Schützen eines empfindlichen bemalten Gegenstandes (Bronze, Acrylfarben und -lasur, Vergoldung) kann man einen Lack auf Copalalkoholbasis oder hellen Zaponlack oder Schellack verwenden. (Achtung: immer Vorversuche erforderlich!)
Beispiel: ein derart geschütztes Objekt kann anschließend sofort mit Farbnuancen oder Öllasuren behandelt werden, ohne daß diese in den Untergrund eindringen.

Schmale Streifen und Umrisse

Je nach Können des einzelnen kann die Anlage gerader Linien durch Ziehen mit einem Malstock, einem Lineal und Pinsel, oder durch Abdecken mit Klebestreifen erfolgen. Das Konturieren gekrümmter oder gewölbter Flächen geschieht mit einem Rotmarderpinsel und aus freier Hand oder nach präzisem Abdecken mit selbstklebender Folie. Manche sehr schmale Striche (1 mm bis 4 mm) lassen sich mit einem Lackmalstift ziehen (beschränkte Farbenskala).
Die Endpunkte der schmalen Linealstriche werden vorab mit einem Stück Abdeckband begrenzt.

Licht und Schatten

Traditionsgemäß weisen alle hier gezeigten Arbeiten eine Beleuchtung von links oben im Winkel von 45° auf.
Am Arbeitsort ist jedoch die tatsächliche Beleuchtung zu berücksichtigen, die als Tageslicht durch die Hauptöffnungen oder aus der Hauptkunstlichtquelle fällt.
Nur in Einzelfällen muß das Licht aus der Mitte fallen: bei der Ausschmückung einer runden Kuppel, dem Verzieren des Umfeldes einer zentralen Tafel etc.

Metallisierung hinter Glas

Für gewöhnliche Arbeiten kann man pulverförmige Bronzen oder Schlagmetall nehmen; für bessere Arbeiten verwendet man Blattgold oder Blattsilber.

Bronzen hinter Glas
Für schmale Striche, kleine Ornamente und kleinere gleichförmige Stellen können die mit Öllasur oder einem Spezialbindemittel gemischten unterschiedlichen Bronzen (Gelbgold, Rotgold, Silber, Kupfer etc.) direkt auf das Glas gemalt werden. Bei größeren Flächen bleiben die Pinselspuren sichtbar. Das sieht nicht sehr gut aus. Ein Farbspray guter Qualität ergibt ein besseres Resultat (unter Verwendung einer Schablone).
Solch ein Auftrag, der auf der Rückseite von zwei Farbschichten und auf der Vorderseite vom Glas geschützt wird, ist außerordentlich haltbar.
Dasselbe gilt für Bronzen auf Stoff hinter Glas, vorausgesetzt, das Aufziehen erfolgt nicht zu früh.

Vergolden mit Blattgold hinter Glas
Diese Arbeit sollte eigentlich dem Fachmann vorbehalten bleiben, der über eine gewisse Erfahrung auf diesem Gebiet verfügt (Handhabung und Schneiden der Goldblätter, Umgang mit dem Goldkissen, dem Anlegeöl etc.). Andererseits dürfte es nicht uninteressant sein, etwas mehr über diese Technik zu erfahren und eine vereinfachte Beschreibung zu erhalten, mit der man selbst einige Versuche hinter Glas anstellen kann.

Es gibt zwei unterschiedliche Vergoldungsarten hinter Glas: Mattvergoldung, für die man Anlegeöl benötigt, „Mixtion" genannt, und Glanzvergoldung, für die Gelatinewasser erforderlich ist.

Mattgold hinter Glas

- Zeichnen Sie die Lage des Motivs, die Umrisse, die schmalen Striche etc. auf Pauspapier.
- Kleben Sie das Pauspapier so auf die Rückseite des entfetteten Glases, daß die Zeichnung spiegelverkehrt erscheint (die Arbeit wird von der Gegenseite betrachtet).
- Tragen Sie das Mixtion sorgfältig dünn auf die zu vergoldenden Stellen.
- Legen Sie das Blattgold darauf; gehen Sie dabei über die gezeichneten Begrenzungen hinaus.
- Drücken Sie das Blattgold mit einem Wattebausch oder besser mit einem Einkehrpinsel an. Entfernen Sie alle lockeren Teile am folgenden Tag mit einem weichen Pinsel, damit die Umrisse absolut sauber ausfallen.
- Der Schutz dieser zarten Arbeit ist durch die Farbschichten für das Gesamtdekor hinter Glas gewährleistet.

Glanzvergoldung hinter Glas

- Zeichnen Sie die zu vergoldenden Teile auf Zeichenpapier, und fertigen Sie eine Pause davon an.
- Befestigen Sie die Pause seitenverkehrt auf der Rückseite der Glasscheibe.
- Legen Sie die Glasplatte auf eine waagerechte Fläche, und feuchten Sie die zu vergoldenden Stellen mit einem weichen Vergolderpinsel mit der Gelatinelösung an (Abb. 1).
  Zubereitung der „Gelatinelösung": Lösen Sie drei Gramm Speisegelatine in einem Liter warmem destilliertem Wasser auf. Zur Beschleunigung des Verfahrens können Sie die Mischung in ein Wasserbad stellen. Arbeitsproben sind unumgänglich. Die Mischung ist zu stark, wenn nach dem Trocknen matte Spuren sichtbar bleiben; sie ist zu schwach, wenn das Blattgold sich beim anschließenden Polieren löst. In diesen Fällen muß man etwas Wasser bzw. ein winziges Stück Gelatine hinzufügen und weitere Proben anstellen. Kühl aufbewahrt, hält die Mischung zwei oder drei Tage.
- Legen Sie das Blattgold so auf der angefeuchteten Fläche an, daß es die Umrisse der Zeichnung überragt, und drücken Sie das Gold leicht mit einem Löschkarton an, um das überschüssige Wasser zu entfernen. Wiederholen Sie die Vergoldung am nächsten Tag durch eine weitere Schicht auf die gleiche Weise (Abb. 2).
- Nach dem Trocknen wird das Gold mit vorsichtigen kreisförmigen Bewegungen mit einem Wattebausch oder einem Samttuch poliert. Auf diese Weise entsteht eine glänzende Fläche ähnlich einem Goldspiegel.
- Legen Sie die Pause auf die empfindliche Vergoldung, und übertragen Sie die spiegelverkehrten Konturen.

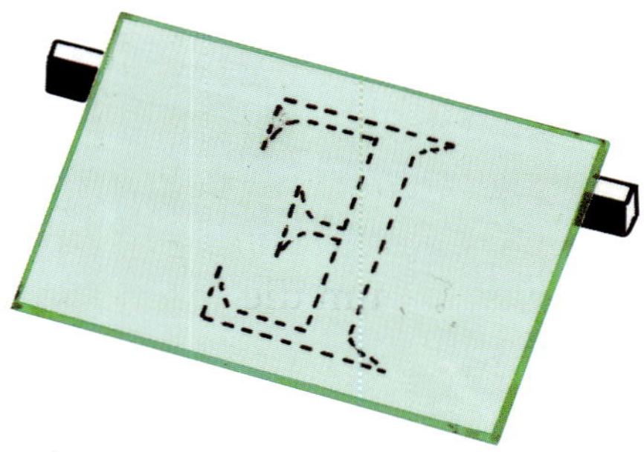

Abb. 1:
Glasplatte mit dem spiegelverkehrten Motiv als Schablone auf der Rückseite

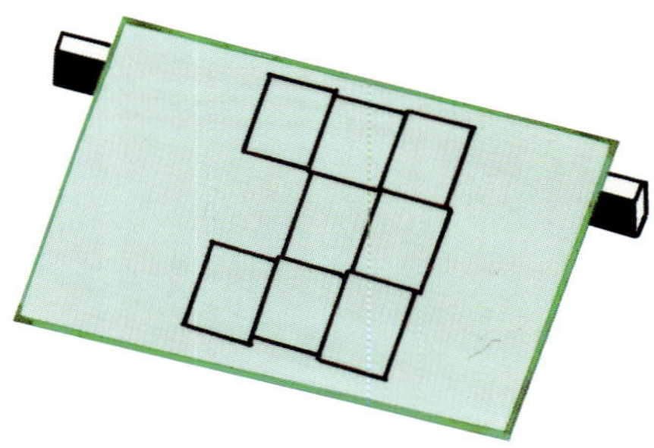

Abb. 2:
Vollständige Abdeckung mit Blattgold auf dem angefeuchteten Glas

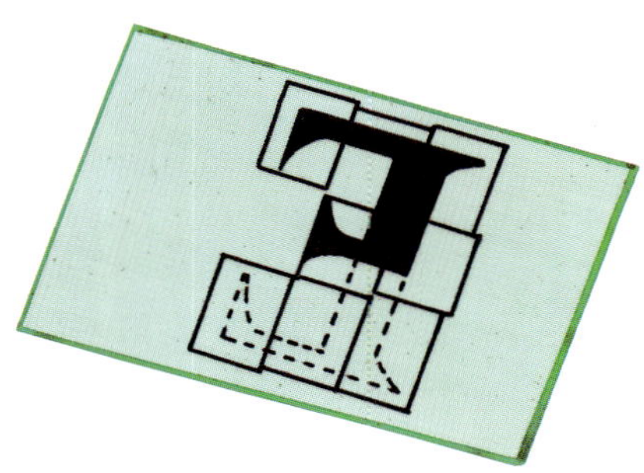

Abb. 3:
Schutzfirnis unter Verwendung der Schablone auf dem polierten Gold

- Überziehen Sie die Vergoldung mit ziemlich flüssiger Lackfarbe oder mit einem farbigen Firnis, um das zuvor aufgetragene Gold zu schützen. Halten Sie sich exakt an die Umrisse (Abb. 3).
- Reinigen Sie die umliegenden Flächen nach dem Trocknen und dem Abziehen der Pause mit feuchter Watte.
- Malen Sie die übrigen Flächen nach der empfohlenen Technik (s. S. 76), ohne sich sonderlich um die vergoldeten Stellen zu kümmern.

Vergolden mit Hilfe von Aussparungen
Um Zeit zu gewinnen und die Schwierigkeit des sorgfältigen Konturierens zu umgehen, kann man die Glasplatte zuvor mit Zinn- oder Bleifolie bzw. selbstklebender Schneidefolie abdecken. Das hat folgende Vorteile:
- Man kann die Farben und das vorgesehene Dekor als erstes auf die nicht abgedeckten Stellen auftragen;
- Nach dem Entfernen der Folien kann man das Anlegeöl oder die Gelatinelösung direkt auf die freigelegten Stellen auftragen, ohne sich um die Konturen zu sorgen.

Vergoldung von Stoff zur Montage unter Glas (s. S. 28)
Mit Blattgold verzierte Stellen auf Stoff verändern sich nach dem Aufziehen nicht. Der verwendete Kleber hat keinen Einfluß auf die Brillanz. Die Stellen werden nur mit einer Schicht Copallack geschützt und gefestigt, wenn das Gold anschließend patiniert oder verziert werden soll.

Imitierte Gravuren auf Glas

Von Fachleuten angefertigte Gravuren auf Glas sind ein haltbarer Schmuck von hoher Qualität. In der Innenarchitektur findet derart graviertes Glas häufig Verwendung: für durchsichtige Trennwände, Vitrinen, verzierte Spiegel, Glaswände, Kästchen, Tische etc.
Mit einem feinen Sandstrahlgebläse läßt sich eine ganze Skala von Mattierungen anfertigen, die von einer leichten Trübung bis zu tiefen Eingriffen reicht, mit denen ein echtes Relief entsteht. Dem Mattieren von Glas mit Fluorwasserstoffsäure sind Grenzen gesetzt. Das Mittel ist gefährlich und wird daher nur noch äußerst selten verwendet.
Kennzeichnend für das auf der Rückseite verzierte Glas ist die Harmonie der Tonabstufungen, die sich aus dem Grad der Bearbeitung mit dem Sandstrahl und der geschickten Plazierung der Schablonen ergibt.
Trotz des wiederauflebenden Interesses für jene nostalgischen Arbeiten gibt es nur wenige auf diese Technik spezialisierte Werkstätten, und die Preise für schöne Werke sind ziemlich hoch.

Imitation von mit Sandstrahl bearbeitetem Glas

1. Mit Hilfe selbstklebender matter Folie. Seit einigen Jahren verwenden Werbeagenturen für Schaufenster, Inschriften und kommerzielle Kennzeichnungen einen sogenannten „matten Kristallfilm".

Vorteile: Man kann ihn im Freien verwenden. Er ist haltbar und sicher, imitiert Mattglas und mit Sandstrahl bearbeitetes Glas sehr gut und ermöglicht die Verzierung von Glas ohne Demontage.
Nachteile: Das manuelle oder maschinell unterstützte Ausschneiden und das blasenfreie Anbringen erfordern professionelles Geschick. Motive in mehreren Tönen sind nicht möglich.

2. Mit Hilfe gestupfter Farbe. Diese imitierte Mattierung hat keinen großen Wert, ist andererseits jedoch preiswert.

Vorteile: Anbringen auf Glas ohne Demontage, Realisierung von Motiven aller Art, mehrere Mattstufen und Tonwerte sind möglich.
Nachteile: Auftrag auf die Innenseite. Kann mit Wasser gereinigt werden, ist aber empfindlich gegenüber Spülmitteln.

Grundprinzip des Mattierens mit gestupfter Farbe
Nach einer Vorzeichnung schneidet man Schablonen aus selbstklebendem Film (oder geöltem Schablonenkarton), plaziert sie auf dem Glas und legt die ausgeschnittene Fläche mit flüssiger weißer Farbe aus. Diese Farbe wird anschließend mit einem Bausch aus Baumwolleinen sorgfältig gestupft.

Echte Gravuren auf Glas

Matter Fries und Bordüre im Tiefdruck als Umrandung eines Glastisches
Ausführung:
France Vitrail International

Mit Sandstrahl bearbeitete Scheibe eines Restaurants
Wegen seines Dekors und seiner Darstellung kennzeichnend für den Beginn des 20. Jahrhunderts.
Boulevard Pereire, Paris

Die Technik

Die Imitation von Gravuren auf Glas mit gestupfter Farbe erfordert keine besonderen Vorkenntnisse, dafür jedoch Präzision und Geschicklichkeit.

Vorzeichnung
Gerade Begrenzungen, gradlinige Streifen und Borten benötigen eine einfache Vorzeichnung mit dem spitzen Filzstift auf der Rückseite der Glasscheibe, damit die üblichen Abdeckungen mühelos angelegt werden können. Dekorative Motive, Arabesken etc. zeichnet man im Maßstab 1:1 auf Pauspapier und überträgt sie seitenverkehrt auf die Rückseite der Scheibe. Für Kompositionen mit vervielfachten oder symmetrischen Motiven reicht eine Teilpause, die man nach Bedarf auf die Abdeckung überträgt.

Abdeckmaterial
Mit Klebestreifen lassen sich gerade Begrenzungen abdecken. Für stärker ausgearbeitete Motive, Friese, Eckornamente etc. verwendet man Schneidefolie, die man entsprechend der auf die Rückseite übertragenen Zeichnung wie eine Schablone ausschneidet. Die Technik dafür ist auf Seite 20 beschrieben. Man kann auch geölten Schablonenkarton verwenden.

Anfertigung der Mattierung
Für die Imitation von Mattglas eignet sich ausschließlich Ölfarbe (1/2 Öl, 1/2 Balsamterpentin und etwas Sikkativ, 3 Vol.-% auf den Ölanteil), zu der man nach Bedarf eine kleine Menge Zink-, Kremser- oder Titanweiß aus der Tube gibt.
Nachdem die sehr flüssige Farbe schön glatt auf die freigelegten Stellen aufgetragen worden ist, wird sie sehr gleichmäßig mit einem Baumwolltuch gestupft. Ein kugelförmiger Wattebausch im Innern des gefalteten Tuches sorgt für die notwendige runde Form.
Für stärkere Mattierungen, die eher praktischen als dekorativen Zwecken dienen, kann man weißen seidenglänzenden Alkydharzlack zu der genannten Mischung geben. Die Menge sollte etwa einem Sechstel des Volumens entsprechen.

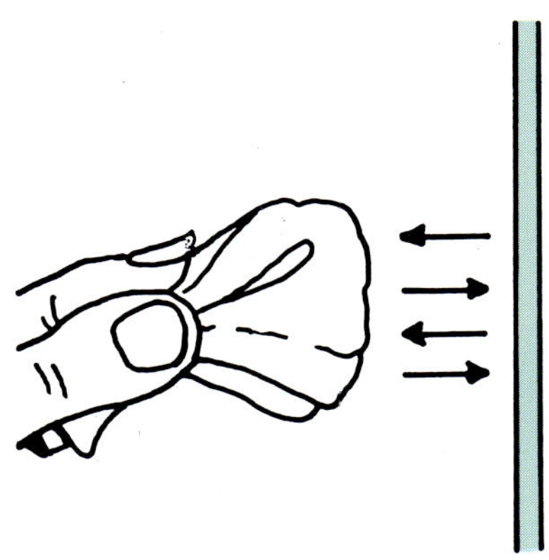

Beispiel für eine einfache Mattierung

- Anfertigung der halben Zeichnung auf Pauspapier mit Hilfe einer Positivschablone zur Wiederholung der Konturen.
- Durchpausen der vollständigen Zeichnung auf die Rückseite der Schneidefolie.
- Ausschneiden der übertragenen Zeichnung.
- Anlage der Schablone unter Glas mit Hilfe der zuvor gezogenen Positionslinien.
- Ausführung der Mattierung durch gleichmäßiges Stupfen der flüssigen Farbe.
- Nach 24 Stunden Abheben der Abdeckung und sorgfältige Reinigung der Fläche.

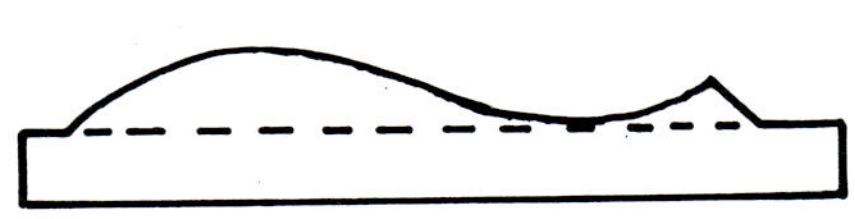

Schablone

Trennscheibe
Beispiel für eine einfache Mattierung (oberer Teil).
Für die geschwungenen Konturen am Glasrand kann die Schablone für beide Seiten getrennt angefertigt werden, um die Handhabung des selbstklebenden Films zu erleichtern. Die Einpassung an den Ecken erfolgt durch Einkerbung.

Vitrine eines Glasschranks (Ausschnitt)
Beispiel für eine Mattierung mit gesetzten Glanzlichtern zur plastischeren Darstellung einzelner Partien.
Das Verfahren gleicht dem für die einfache Mattierung. Anschließend sorgt eine zweite undurchsichtigere weiße Lasur, die mit dem Rotmarderpinsel aufgetragen wird, für die stärkere Modellierung. Die Betonung der Umrisse, die auf der ersten Schicht erfolgt, erfordert weder eine Schablone noch anschließendes Stupfen.

Beispiel mit mehreren Tonwerten (Abb. 1)

Durch nachfolgendes Auftragen immer deckenderer Lasuren kann man mehrere Tonwerte in ein und dieselbe imitierte Gravur aufnehmen.
Man beginnt mit den halbdurchsichtigen Abschnitten und maskiert zunächst deren Konturen. Nach dem Trocknen der Arbeit maskiert man am folgenden Tag behutsam die transparenteren Stellen. Auf diese Weise sind eventuelle Verschmutzungen durch die Lasur weniger sichtbar als bei dem umgekehrten Vorgang.
Eine dritte, noch hellere Farbe kann sparsam nach demselben Verfahren hinzugefügt werden.

- Legen Sie die Abdeckungen um die Stellen für den mittleren Ton, und fertigen Sie die erste Mattierung an.
- Legen Sie die Schablonen um die hellsten Partien (nachdem der erste Durchgang getrocknet ist), und fertigen Sie die zweite Mattierung an.
- Legen Sie die Abdeckungen um die undurchsichtigsten Stellen, und fertigen Sie die letzte Mattierung an.

Klassisches Beispiel (Abb. 2)

Bei diesem Beispiel werden nur die Ecken mit einer Schablone angesetzt. Die Seitenstreifen und die mattierte mittlere Tafel werden mit Klebestreifen begrenzt, für die man sich an die Vorzeichnung auf der Außenseite hält.

Allgemeine Empfehlungen

Überzeugen Sie sich vor Beginn der Arbeit von der Sauberkeit der Glasplatten (Reinigung mit Spiritus und Schlämmkreide).
Übertragen Sie die Motive auf Pauspapier spiegelverkehrt auf die Rückseite der Schneidefolie, und schneiden Sie die Motive sauber aus.
Überzeugen Sie sich davon, daß die selbstklebenden Folien perfekt halten, indem Sie mit einem Tuch und dem Fingernagel über die ausgeschnittenen Ränder streichen.
Vor jeder Mattierung ist eine Probe auf einem Extraglas erforderlich, um den korrekten Anteil der weißen Farbe zu überprüfen. Bewahren Sie die Proben bei einer Arbeit mit mehreren Tönen auf, um sie miteinander vergleichen zu können.
Damit das Stupfen gleichmäßig erfolgt, gehen Sie streifenweise zunächst waagerecht und anschließend senkrecht über die Fläche. Bearbeiten Sie jede Stelle mehrmals. Um gleichmäßig zu arbeiten, verwenden Sie für den letzten Durchgang eine Stelle des bereits durchtränkten Tuches.
Die abschließende Reinigung der nicht bemalten Flächen und das Entfernen der Flecken erfolgt drei oder vier Tage später mit einem in Spiritus getauchten Lappen.
Eine erhebliche Verstärkung der Mattierung ist mit Hilfe einer abschließenden Schicht aus wäßrigem Acrylharzlack zu erreichen.

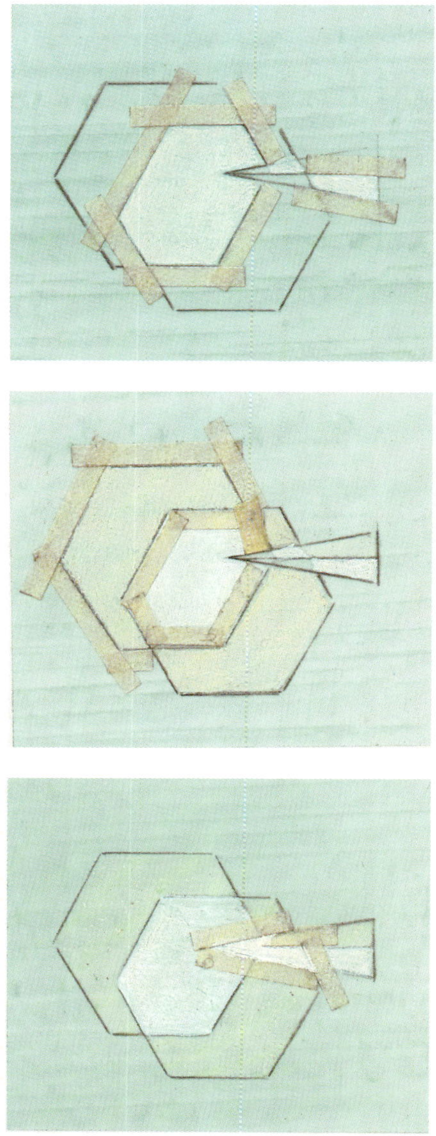

Details des Abdeckvorgangs

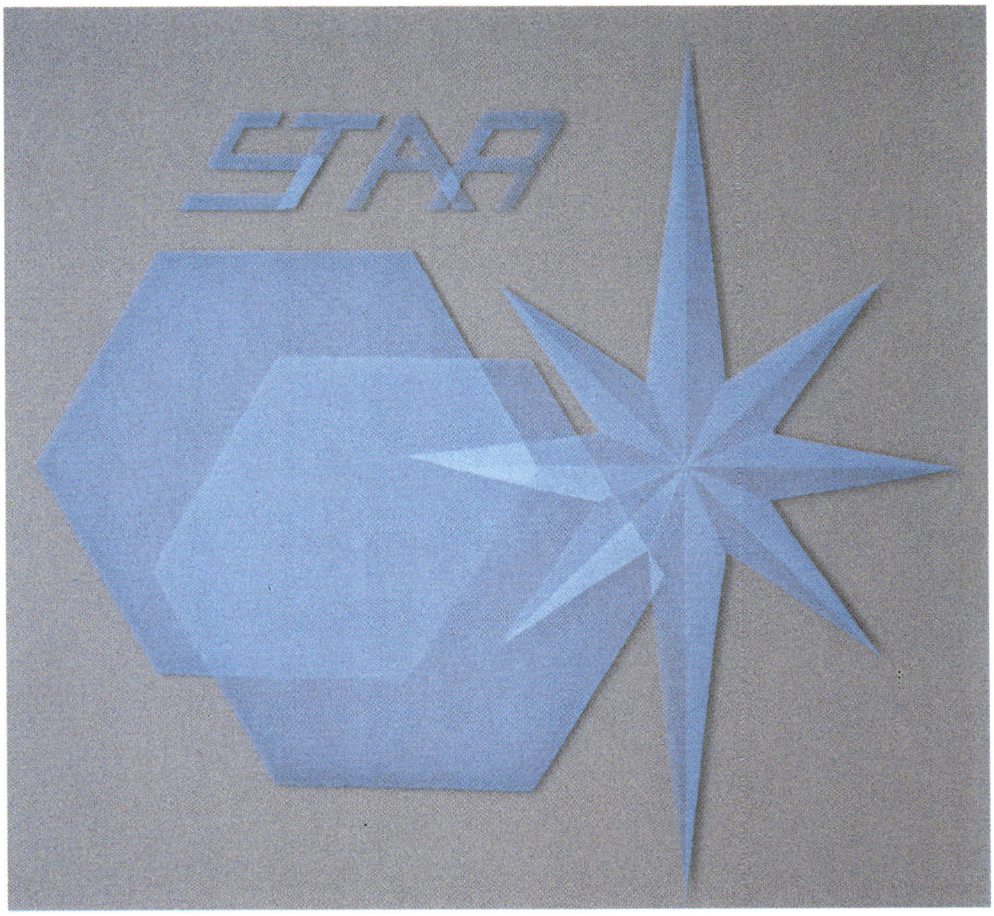

Abb. 1:
Logo aus mehreren Tonwerten
Die Erstzeichnung auf Pauspapier dient der Anfertigung von Schablonen, die man aufgrund ihrer Transparenz mühelos plazieren kann. Ferner läßt sich das Motiv auf diese Weise mehrmals wiederholen.

Abb. 2:
Klassisches Dekor an einer Glastür
Die feinen Striche im Innern der Tafel werden mit Hilfe eines Lineals oder Malstocks und einem Holzstift in die frische Farbe gezogen.

Beispiel für eine imitierte Gravur mit Makulaturtapete

Aufgrund ihrer Größe bietet sich die Verwendung von Makulaturtapete als Schablonen für diese Arbeit an.

Grundprinzip
Die Makulaturtapete (in Rollen von 10 x 0,56 m erhältlich) wird auf dem Tisch ausgebreitet, mit der Vorzeichnung versehen und ausgeschnitten. Die ausgeschnittenen Teile werden mit sehr schwachem Tapetenkleister bestrichen und entsprechend der Zeichnung auf der Glasscheibe angebracht. Mit einem feuchten Schwamm entfernt man eventuelle Knicke und verstärkt die Haftung der Ränder. Nach dem Trocknen der gestupften Farbe wird das Papier am nächsten Tag mit lauwarmem Wasser angefeuchtet und vorsichtig entfernt.

Mattiertes Dekor für die Scheiben einer Veranda
- Zeichnen Sie die Hauptlinien des Aufbaus mit Filzstift auf die Außenseite der Glasscheiben: senkrechte Streben, Rundbögen, kleine waagerechte und schräge Verbindungsstege etc.
- Zeichnen Sie dieselben Elemente mit Lineal und Zirkel auf die in die erforderliche Länge geschnittene Makulaturtapete. Nehmen Sie dafür unmittelbar an der Zeichnung auf den Glasscheiben Maß.
- Schneiden Sie die einzelnen Elemente aus. Streichen Sie die Schablonen mit sehr flüssigem Kleister ein (Wasser plus sehr wenig pulverförmiger Stärkekleister), und positionieren Sie diese auf der Scheibe.
- Wiederholen Sie das Verfahren für die Silhouetten der Pflanzen, die Sie zuvor ebenfalls auf das Papier gezeichnet haben (Abb. 1).
- Mattieren Sie alle freigelegten Stellen durch entsprechend gestupfte Farbe (Abb. 2).
- Feuchten Sie alle Schablonen gut mit dem Schwamm an, und entfernen Sie diese (Abb. 3).
- Mattieren Sie die senkrechten Streben, und begrenzen Sie die erste Schicht sauber mit dem Pinsel. Ziehen Sie zum Abschluß die feinen Striche, indem Sie die Farbe mit Hilfe eines Pinselstiels, eines Lineals oder Malstocks und einer halbkreisförmigen Pappschablone für die Rundbögen wieder abheben (Abb. 4).
- Das Mattieren der Silhouetten für die Pflanzen erfolgt in denselben Schritten nacheinander in mehreren Tönen (Abb. 4).

Anmerkung:
Ein nicht ganz so einfaches, professionelleres Verfahren besteht in der Verwendung von Blei- oder Zinnfolie, die mit einer stark verdünnten Eiweißlösung aufgezogen, mit der Zeichnung versehen, ausgeschnitten und unmittelbar nach dem Farbauftrag wieder abgezogen wird. Die Reinigung erfolgt am nächsten Tag mit lauwarmem Wasser und einem Schwamm.

Abb. 1

Abb. 2

Abb. 3

Abb. 4

Mattiertes Dekor auf den Glasscheiben einer Veranda
Blick von innen auf das fertige Werk

Aufziehen von bemaltem Stoff

Diese Arbeit besteht darin, einen zuvor im Atelier bemalten und dekorierten Stoff komplett auf eine dafür vorbereitete Fläche zu kleben.

Vorteile

- Die häufig langwierige, mühsame, künstlerische Gestaltung auf dem Stoff (den man dazu provisorisch an eine Wand, auf eine Atelierstaffelei oder auch auf den Boden spannt) kann vorab erfolgen und braucht nicht direkt an der Decke, auf der Holztafel bzw. der Wandvertäfelung etc. vorgenommen zu werden.
- Gute Arbeitsbedingungen aufgrund der Ausstattung des Ateliers (Beleuchtung, Zubehör etc.).
- Die nicht zu unterschätzende Garantie, daß die Stoffbespannung nicht aufgrund eventueller Risse im vorgesehenen Untergrund (Decken mit Holzbalken, Gipsplatten, aneinandergesetzte Paneele) verzogen wird.

Altes System der Bespannung

Die ersten echten Stoffbespannungen verklebte man mit den verdickten zähflüssigen Resten am Boden der Streichgefäße für die Ölfarben (oder der Pinselbehälter). Ebenfalls verwendet wurde Roggenkleister, bei dem die Bespannung jedoch empfindlich gegenüber dem Eindringen von Wasser ist.
Seit Ende des 19. Jahrhunderts war in Öl angeteigtes Bleiweiß (unter Zusatz von Trockenstoff und Schlämmkreide) der übliche Kleber für mit dekorativen Bildern bemalte Stoffe.
Später ersetzte in Öl angeriebenes Zinkweiß das Bleiweiß, das wegen seiner Giftigkeit immer stärker verboten wurde.

Heutige Methode der Bespannung

- Für die übliche heutige Methode verwendet man pulverförmiges Zinkweiß, das man zuvor in einem großen Gefäß in Leinölfirnis, etwas Balsamterpentin und Sikkativ ansetzt und anschließend solange mit Schlämmkreide andickt, bis es eine ziemlich cremige Konsistenz erhalten hat. Dieser Kleber ist für alle Restaurierungsarbeiten unerläßlich und erfordert eine gewisse Erfahrung. Man muß die Masse mit einem Spachtel auf die Wand auftragen, den Stoff anlegen und solange verschieben, bis er die korrekte Lage besitzt (s. S. 25).
  Die Gefahr der Verschmutzung der Malerei ist ziemlich groß. Eventuelle Kleberspuren lassen sich in der Praxis später schwer entfernen.

- Die verbreitetste und gleichzeitig einfachste Methode ist die Verwendung von weißem Vinylkleber. Er ist speziell zum Verkleben von Wandbespannungen bestimmt und wird mit einer Lammfellrolle auf den grundierten Untergrund aufgetragen. Eventuelle Flecken lassen sich mühelos mit warmen Wasser entfernen, solange diese noch feucht sind (s. S. 26).
- Für Sonderfälle wende man sich an den Kundendienst der Klebstoffhersteller.
  Beispiel: Für eine vorübergehende Befestigung von Stoff gibt es „abziehbare Kleber". Sie benötigen eine Spezialgrundierung, die ausschließlich für diesen Zweck vorgesehen ist.

BLUMENKORSO IN NIZZA
Künstlerisch gestaltete Leinwand (mit Ölfarben und Firnis) an der Kuppel einer Rotunde.
Die überstehenden Ränder werden von einem vergoldeten Gipsrahmen verdeckt.
Henri Gervex, Goldener Saal, *Le Train bleu*, Restaurant im Gare de Lyon, Paris.

Die Technik

Vorbereitung des Untergrunds

Allgemeine Regel: Der Untergrund für den Stoff muß absolut wasserabweisend sein und darf den Kleber auch nicht aufsaugen.
Zuvor müssen alle Risse von losem Material befreit und verschlossen werden. Verfärbungen, verdächtige Flecken, Tinten- oder Rostflecken müssen isoliert und Unregelmäßigkeiten im Untergrund geglättet, verspachtelt und geschliffen werden, damit eine ebene Fläche entsteht. Falls nötig, werden Gipsflächen, neues Holz, alte Wasserfarben, Füllmaterial auf Wasserbasis etc. mit einem lösemittelhaltigen Tiefgrund nach Vorschrift eingelassen.
Um eine Fläche mit Kleber aus Zinkweiß zu bespannen, trägt man zunächst einen weißen seidenglänzenden Alkydharzgrund auf oder bereitet den gesamten Bereich mit einem klassischen Ölanstrich in Zinkweiß vor. Zum Bespannen mit Vinylleim benötigt man einen matten Grund aus weißem Alkydharz- oder Acrylvorlack.

Traditionelles Bespannen einer senkrechten Tafel mit Zinkweiß (Abb. 1 und 2)

- Spachteln Sie die gesamte Fläche mit dem Kleber gleichmäßig ein.
- Ziehen Sie die Mittelachse auf die Tafel sowie auf die Rückseite des bemalten Tuches.
- Rollen Sie das Tuch mit dem Dekor nach innen auf. Legen Sie den oberen Abschnitt flach auf einen Arbeitstisch, und streichen Sie die Oberkante mit einem kurzen Pinsel oder einem Spachtel dick mit Kleber ein.
- Halten Sie die Oberkante des Tuches so an die Tafel, daß die beiden Mittelachsen genau aufeinanderliegen. Beginnen Sie das Bespannen von der Mitte nach oben und zu den Rändern, und drükken Sie die Luft sowie den überschüssigen Kleber mit einem Kunststoffspachtel heraus, um den Sie ein weiches Tuch gewikkelt haben. Auch ein feuchtes Wildledertuch eignet sich dafür.
- Sorgen Sie für einen guten Halt, indem Sie je nach Dicke des Materials einige dünne Stahlstifte provisorisch oder endgültig in die Oberkante und die Seitenränder schlagen.
- Reiben Sie den Stoff mehrmals der Länge nach an, und ziehen Sie ihn nach unten und nach beiden Seiten auf.
- Nachdem die Plazierung korrekt ist, verstärken Sie die Haftung an den Rändern durch dickeren Kleberauftrag und drücken eventuelle Luftblasen seitlich heraus.
- Entfernen Sie den überstehenden Stoff nach dem Antrocknen mit Hilfe eines gewölbten Lineals und eines Cuttermessers. Halten Sie ein Gefäß für das herausgedrückte Zinkweiß bereit.
- Entfernen Sie sorgfältig alle Zinkweißflecken von der Fläche bzw. den Deckleisten mit einem Tuch und Spiritus.

Bespannen einer Wandfläche (Abb. 3)

Ist die Breite des bemaltes Tuches größer als deren Höhe, kann das Bespannen auch waagerecht erfolgen. Dafür zeichnen Sie die beiden Mittelachsen der rechteckigen Fläche des Untergrunds und wiederholen das Verfahren auf der Rückseite des Stoffes.

Rollen Sie den Stoff zu zwei Ballen zur Mitte. Nach dem Auftragen des Klebers werden die beiden Hälften, ausgehend von der senkrechten Mittelachse, wieder entrollt und aufgezogen. Achten Sie darauf, daß die waagerechten Achsen korrekt aufeinanderliegen.

Bespannen einer Zimmerdecke (Abb. 4)
Diese Arbeit erfordert einen größeren Aufwand an Personal und Werkzeug (Bretter, Böcke, Stützen etc.).
Ziehen Sie dieselben Mittelachsen wie bei dem vorigen Beispiel, und arbeiten Sie ebenfalls von der Mitte aus. Je nach Gewicht des Stoffes leistet ein Rohr im Innern gute Dienste beim Geradehalten und der Handhabung der noch aufgerollten Abschnitte (Abb. 2 und 4).

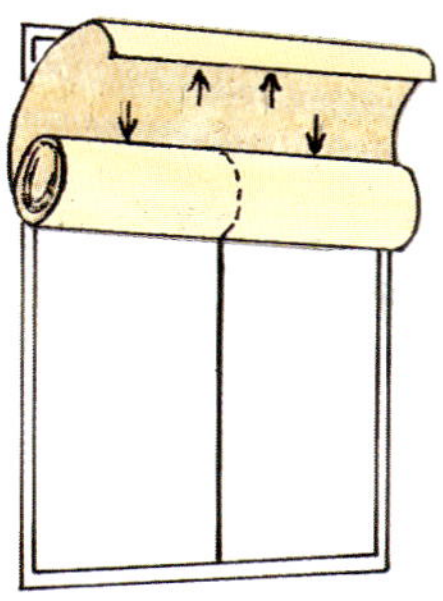

Abb. 1

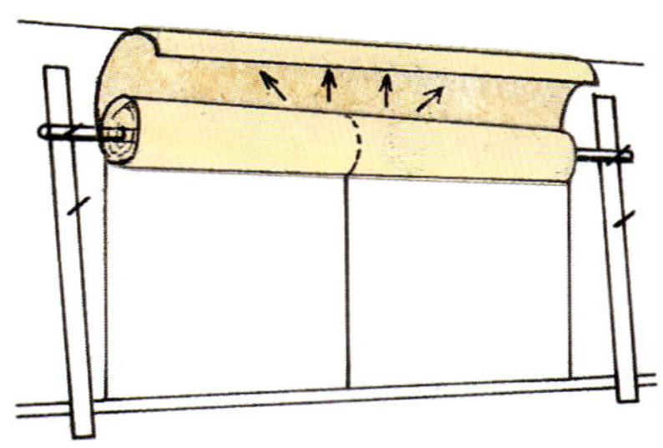

Abb. 2: Traditionelles Bespannen einer senkrechten Tafel

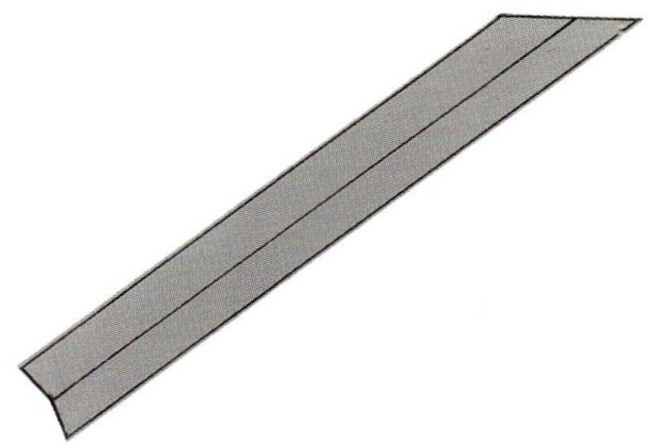

Gewölbtes Lineal

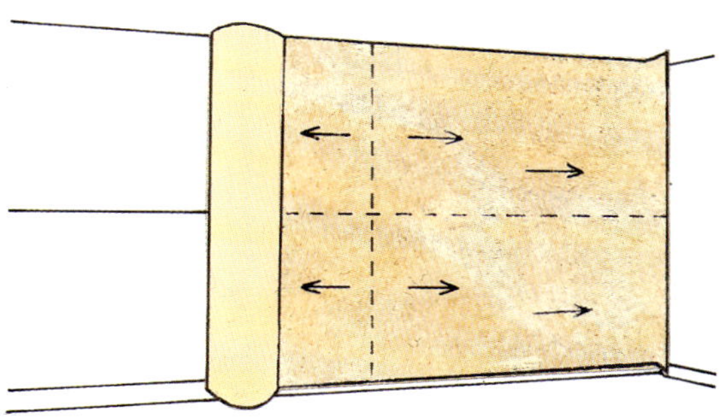

Abb. 3: Bespannen einer Wandfläche

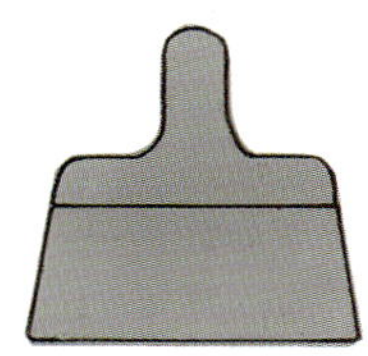

Quadratspachtel zum Verputzen

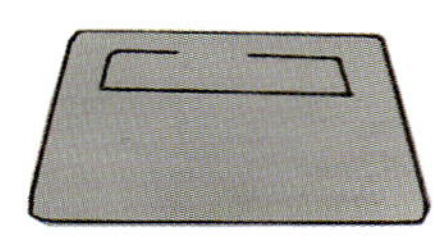

Japan- oder Kunststoffspachtel zum Bespannen

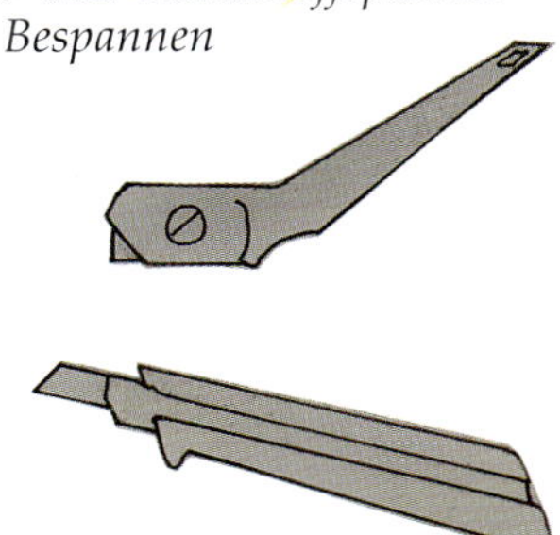

Unterschiedliche Cuttermesser

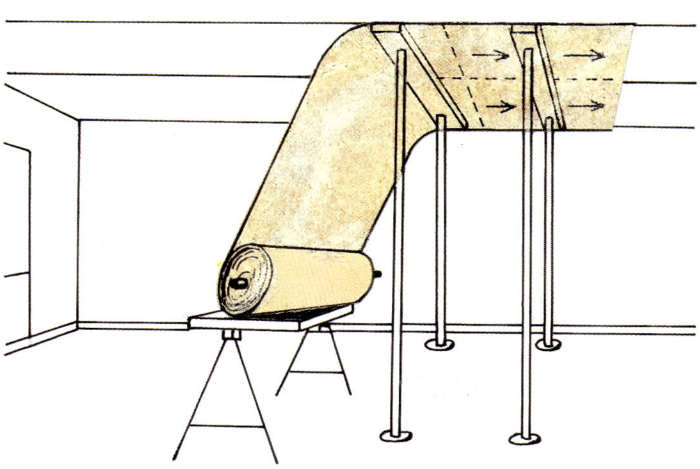

Abb. 4: Beginn einer Deckenbespannung

Aufziehen mit Vinylkleber
Nach dem Verkleiden der Rahmenleiste wird der Kleber mit einer Lammfellrolle und einem Dekospachtel sorgfältig aufgetragen. Lassen Sie die Schicht entsprechend der Gebrauchsanweisung zwischen 5 und 10 Minuten „anziehen".

Beispiel für einen Türspiegel
Nach der Fertigstellung des Bildes und des Schutzfirnisses (Abb. 1):
- Zeichnen Sie die beiden senkrechten Mittelachsen auf die Tafel und die Rückseite des Tuches.
- Streichen Sie den Kleber auf die Tafel, und lassen Sie ihn anziehen.
- Rollen Sie das Tuch auf, und drücken es so an den oberen Rand, daß die beiden Achsen aufeinanderliegen.
- Rollen Sie den Stoff ab, und ziehen Sie ihn von der Mitte zu den Rändern aus.
- Dehnen Sie den Stoff an den Umrissen mit Hilfe des Kunststoffspachtels, damit er gut an den Profilleisten anliegt. Schneiden Sie ihn an den Krümmungen und in den Ecken mit einer Schere ein (Abb. 2).
- Schneiden Sie die Überstände ab, und entfernen Sie eventuelle noch feuchte Kleberflecken mit einem Schwamm (Abb. 3).

Die Maltuche
Man unterscheidet drei Hauptsorten:
- Baumwollstoff, der das feinste Korn aufweist, jedoch in der Breite begrenzt ist (etwa bis 2,30 m);
- Leinen mit normalerweise ausgeprägterem Korn, das sich für größere Formate eignet (über 4 m Breite). Es wird am meisten verwendet;
- Kunstfaserstoffe aus Polyester, Tergal etc. mit feinem Korn und entsprechenden Maßen (etwas über 3 m Breite). Die haltbaren Sorten eignen sich gut zum Aufziehen.

Die im Handel erhältlichen Stoffe reichen von unbehandeltem Material bis zu ziemlich teuren geschliffenen Stoffen mit vierfacher Grundierung, die sehr glatt sind. Wer seinen Malgrund und das endgültige Aussehen seines Werkes je nach Kornstärke und Abstand vom Betrachter selbst bestimmen möchte, hat die Wahl zwischen folgenden Verfahren und Materialien:
- einfache Grundierung mit Hautleim und je nach gewünschtem Korn weißer Grundierung (Hautleim, Glycerin, Schlämmkreide, pulverförmiges Zinkweiß) mit dem Pinsel;
- Acryl- oder Gipsgrundierung und eventuell Universal-Acrylanstrich;
- fette Grundierung und Öluntermalung mit Zinkweiß (oder Bleiweiß) mit dem Malmesser oder dem Pinsel;
- farbige Spezialausrüstung, thixotrope Alkydharzfarben etc.

Beachten Sie die Saugfähigkeit einiger Grundierfarben. Fette Grundierungen eignen sich nicht zur Bearbeitung mit Acrylfarben und Tinten.

Empfehlungen: Die Haltbarkeit von mit Zinkweiß aufgezogenen Tuchen kann verstärkt werden, indem man etwa sechs Prozent für Ölfarbe geeignetes Harttrockenöl (z.B. Typ „Eburit") zu der Masse gibt. Beim Aufziehen der oft sehr empfindlichen bemalten Stoffe kann man ein Blatt Makulaturpapier mit einrollen, damit sich die Malschicht und die Tuchrückseite nicht berühren. Vergewissern Sie sich vor Beginn des Aufziehens, daß die Achsen auf dem Tuch und dem Untergrund genau aufeinanderliegen.

Aufziehen eines bemalten Tuches auf einen Türspiegel
Abb. 1: *Das Tuch während der Anfertigung des Bildes auf der Staffelei (die Markierungen für die Mittelachse sind sichtbar)*

Abb. 2: *Das Tuch während des Aufziehens nach dem Einschneiden der überstehenden Ränder*

Abb. 3: *Fertig aufgezogenes und abgeglichenes Tuch*

Bemaltes Tuch unter Glas

Bei dieser alten Technik wird ein bemaltes Tuch mit einem Spezialkleber unter eine dicke Glasplatte geklebt. Das Glas verleiht dem durchscheinenden Dekor einen gleichbleibenden Schutz und perfekten Glanz. Die Entwicklung dieser Methode geht mit dem Aufkommen der gegenüber Witterungseinflüssen äußerst empfindlichen Schaufensterfronten aus Holz einher, in die immer mehr Glasscheiben aufgenommen wurden, um die Pflege zu erleichtern. Von 1850 bis 1930 schlugen Maler, die mit der Anfertigung von Firmenschildern, Logos und Ornamenten beauftragt waren, häufig ihrer wohlhabenden Kundschaft solche Unterglasarbeiten vor.
In bestimmten Pariser Vierteln findet man heute noch alte reichverzierte Schaufenster mit diesem Schmuck auf den Vorder- und Seitenscheiben (manchmal auch innen an der Decke), die aus den Ateliers der Schriftenmaler stammen.
Außer für Restaurierungen und ähnliche Arbeiten wie für Schaufenster eignet sich diese Technik auch für:
- Glasplatten niedriger Tische,
- private oder gewerbliche Namensschilder (Logos, Siegel, Wappen, Symbole etc.).

Bevor wir die Reihenfolge der notwendigen Schritte für diese Arbeiten beschreiben, hier einige Angaben über das Material, das dafür benötigt wird, also den Stoff und das Glas.

Der Stoff

Man sollte nach Möglichkeit glatte, feingewebte appretierte Baumwolle ähnlich einem Maltuch verwenden.
Die Maße müssen denen der vorgesehenen Glasscheibe plus einer Zugabe von etwa 4 cm an allen Rändern entsprechen.

Das Glas

Man gibt die exakten Maße einem Glaser und läßt die Scheibe zuschneiden. Auf diese Weise umgeht man gewisse Risiken (Risse oder Bruch). Die Scheibe sollte normalerweise 6 mm bis 8 mm stark sein.
Bei der Bestellung gibt man darüber hinaus seine Wünsche hinsichtlich der Kanten an:
- einfacher Schnitt, wenn die Ränder verdeckt werden sollen;
- ästhetischerer Kristallschliff, wenn die Ränder sichtbar bleiben.

Für einige niedrige Tische mit Metallsockel müssen eventuell Löcher zur Befestigung vorgesehen werden (Schrauben mit Zierkopf etc.).

Anmerkung 1: Für Schaufenster verwendete man seinerzeit Moleskin (sehr festes Baumwollgewebe, das mit Naturharzen imprägniert war). Dieses Material ist heute nicht mehr erhältlich.

Anmerkung 2: Für Schaufenster wird das fertige Glasbild in einen Holzrahmen geführt, der mit einem Falz versehen ist. Diese Rahmen sind nicht mit dem übrigen Fensterrahmen verbunden und werden nach dem Anbringen und Verkeilen mit Hilfe von Holztafeln mit Profilleisten senkrecht gehalten. Beim Zuschnitt muß man das notwendige Spiel berücksichtigen, damit das Glas „arbeiten" kann.

Schaufensterdekor (Detail)
Es ist unter Glas befestigt und enthält Attribute, die auf den betriebenen Handel hinweisen

Bemaltes Tuch
Es soll unter Glas aufgezogen werden und zeigt ein Medaillon mit imitiertem Relief, das an den hellen Stellen mit Blattgold betont wurde.
Ausführung:
Atelier Christian Lachassagne

Die Technik

- Nachdem der Stoff zugeschnitten ist, muß er auf beiden Seiten mit einer Grundierschicht aus Alkydharzfarbe oder Zinkweiß versehen werden. Bearbeiten Sie zunächst die eine Seite und am nächsten Tag die andere, und legen Sie Kunststoffgaze unter das ausgelegte noch feuchte Tuch, um ein Ankleben zu verhindern.
- Anschließend wird der erste gleichmäßige Anstrich aus seidenglänzender Alkydharzfarbe auf die Vorderseite aufgetragen (aus einem einzigen mittleren Ton oder mehreren Tönen, je nach der vorgesehenen Nuancierung).
- Der letzte Arbeitsgang besteht aus der eigentlichen Dekoration (Ölfarbe oder Alkydharzlack und Lasurfarbe). Eine Vorzeichnung mit Acrylfarbe oder Farbtinte, z.B. Indigo als Lavierung, ist möglich, muß aber anschließend mit einer Öllasur überzogen werden.
- Der Spezialkleber zum Aufziehen von Tuchen wird vier bis fünf Tage im voraus angesetzt.
- Legen Sie das bemalte Tuch provisorisch unter die Glasscheibe, zentrieren Sie das Motiv, und schneiden Sie den überstehenden Stoff an den Seitenrändern ab. Die beiden anderen Schnittlinien werden mit Bleistift auf der Rückseite angedeutet.
- Reinigen Sie die Glasplatte sorgfältig zu beiden Seiten, um die absolute Sauberkeit der zum Aufziehen vorgesehenen Seite zu gewährleisten. Entfetten Sie das Tuch leicht (stark verdünnter Salmiakgeist), damit der Kleber gut haftet.
- Tragen Sie den Kleber großzügig mit einem Pinsel vom Typ „Borstenvertreiber" auf das Glas und die bemalte Seite des Tuches auf.
- Legen Sie das Tuch auf die flache Glasscheibe, indem Sie den Seitenrändern folgen, und ziehen Sie es mit einem Kunststoffspachtel kräftig auf. Entfernen Sie den Kleberüberschuß, indem Sie von der Mitte zu den Rändern streichen. Halten Sie einen Schwamm und warmes Wasser bereit, um Verschmutzungen und Flecken zu entfernen. Es ist ratsam, einige Brettchen mit Gewichten auf die Ränder zu legen, um eine gute Haftung auf den Untergrund zu erzielen.
- Überprüfen Sie die Arbeit nach zwei oder drei Stunden, entfernen Sie eventuelle Bläschen mit dem Aufziehspachtel, und gleichen Sie die beiden restlichen Seiten ab.
- Schützen Sie zum Abschluß die Rückseite des Tuches mit ein oder zwei Anstrichen Alkydharzfarbe in einem dunkleren Ton.

Zusammensetzung des Klebers: Zerstoßen Sie einige Stücke Kandiszucker (in einem Mörser oder einem Tuch), und geben Sie das grobe Pulver in den unten angegebenen Verhältnissen zu flüssigem Gummiarabikum, das in Flaschen erhältlich ist. Mischen Sie beides in einem sauberen Glas, und rühren Sie die Masse mehrmals täglich um, damit sie sich klumpenfrei verbindet.

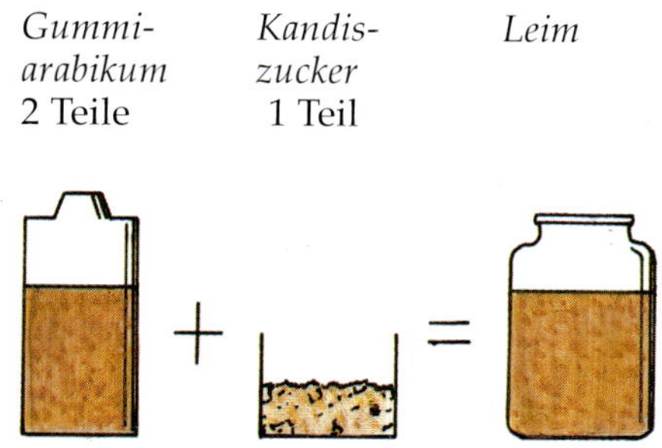

Anmerkung: Schaufensterdekors oder Außenarbeiten, die Feuchtigkeit ausgesetzt sind, kann man ausgezeichnet schützen, indem man Stanniolpapier (oder Alufolie) auf die Rückseite klebt und um die Schmalseiten der Glasplatte schlägt. Das erspart allerdings nicht den rückseitigen Anstrich.

Auftragen des Klebers auf die flache Glasscheibe sowie die bemalte Tuchseite, wodurch die kleinen Erhebungen und Oberflächenstörungen der Malfarbe und des Tuches ausgeglichen werden

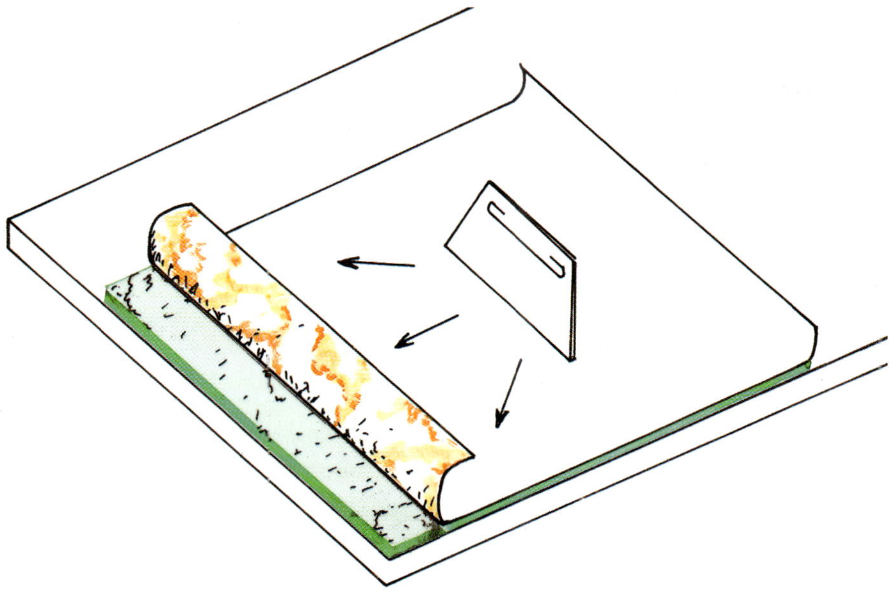

Aufziehen des Tuches durch mehrmaliges kräftiges Reiben, damit nur ein Minimum an Kleber übrigbleibt

Abschließendes Abgleichen und Reinigen der Ränder mit dem Schwamm (gut ausgedrückt, damit keinesfalls Wasser an die Stoffränder gerät)

Das Dekor unter Glas unterliegt ebenso wie ein Gemälde der Beurteilung durch den Betrachter.
Daher sei darauf hingewiesen, daß sich wegen des Glanzes und der Stärke der Glasscheibe eher dekorative Werke für diese Arbeiten eignen als künstlerische Malerei. Folgende Farben sind bevorzugt zu verwenden: Schwarz, Königsblau, Himmelblau, Smaragdgrün, Bronzegrün, Orange, Karmin sowie alle Gold-, Silber-, Kupfer- und Sandtöne (sowie Elfenbein für kleine Flächen). Meiden Sie Weiß, Hellgrau, Hellbeige etc.

Beispiel für einen niedrigen Tisch

Nach Art von Furnierholz mit wolkig patiniertem Lack

- Tragen Sie zunächst ein oder zwei Schichten seidenglänzendes Elfenbein auf (Weiß, etwas Lichter Ocker, je eine Spur Chromgelb und Zinnober).
- Teilen Sie die Tischfläche mit dem Bleistift in vier Abschnitte. Stellen Sie mit Hilfe von leicht getönter Lasurfarbe (Siena natur) den Effekt von hellem marmoriertem Holz in den vier Richtungen her.
- Übertragen Sie Ihre Vorzeichnung mit einem Stift und der halbierten Pause auf die getrocknete und mit einer Schicht mattem Alkydharzlack behandelte Fläche.
- Decken Sie die Zeichnung ab. Tragen Sie seidenglänzendes Blau auf das Umfeld, und umzeichnen Sie die Konturen mit einem spitzen Rotmarderpinsel.
- Die wolkige Wirkung entsteht, indem man dunkelblaue Lasurfarbe auf die umrissenen blauen Flächen aufträgt und mit einem Tuch stupft. Entfernen Sie die Abdeckungen, und reinigen Sie eventuelle Lasurspuren auf den hellen Flächen.
- Übermalen Sie einige Blüten und Blätter mit unterschiedlich getönter Lasurfarbe in der Art von Holz für Intarsien.
- Nach dem Trocknen und Entfetten des Tuches legen Sie dieses unter Glas. Zentrieren und verkleben Sie es, wie auf Seite 31 beschrieben.

AUSSCHNITT 1
Sauber umrissene blaue Flächen, welche die Blüten hell lassen

AUSSCHNITT 2
Wolkige Patina auf blauem Grund sowie endgültige Kolorierung der Blüten

NIEDRIGER TISCH
Sicht auf das fertige Tuch mit einem blauen Streifen am Außenrand, unter Glas aufgezogen

Niedriger Tisch

Imitation von Intarsien aus Marmor und Porphyr

- Übertragen Sie die Zeichnung des ovalen Sterns und seines Umfeldes mit Hilfe einer Pause auf das grundierte Tuch.
- Tragen Sie eine Schicht schwarze seidenglänzende Farbe um das Hauptmotiv auf, und begrenzen Sie die Umrisse zunächst provisorisch.
- Imitieren Sie den Portor-Marmor (Tuben- und Lasurfarbe) mit einer Maserung in entgegensetzte Richtung.
- Tragen Sie weiße seidenglänzende Farbe auf den inneren mittleren Stern, und begrenzen Sie seine Umrisse provisorisch.
- Imitieren Sie zwei graue Marmorarten (eine gemasert, die anderen gesprenkelt). Bearbeiten Sie dazu nacheinander jeweils eine Hälfte der Strahlen, und decken Sie die andere entlang der Mittelachse ab. Berücksichtigen Sie dabei die Zeit zum Trocknen.
- Übertragen Sie den doppelten Umriß des Sterns mit einer Pause.
- Decken Sie diesen doppelten Umriß ab, und tragen Sie eine bläuliche Schicht auf.
- Imitieren Sie blauen Granit durch Tupfen mit einem Schwamm.
- Heben Sie die Abdeckungen ab, und legen Sie eine lachsfarbene Schicht auf die verbliebenen vier Halbstrahlen.
- Imitieren Sie rosa Porphyr durch Abdecken und Tupfen.

Anmerkung: Die feinen Goldstriche machen ein absolut präzises Abdecken der einzelnen Abschnitte überflüssig. Sollten Sie keine Striche wünschen, ist es dennoch erforderlich, um das gewünschte Strukturieren zu ermöglichen.

Zum Aufziehen auf ovalen oder runden Glasscheiben halten Sie die Mittelachsen auf der Rückseite des Tuches und der Glasplatte fest. Erledigen Sie das Abgleichen nach dem Aufziehen.

Nach der Darstellung des grauen Marmors werden alle Strahlen abgedeckt, um während des Tupfens mit dem Schwamm geschützt zu sein.

Nachdem die Imitationen beendet sind, wird deren genaue Lage durch feine Striche mit Goldbronze betont.

Dekorative Tafel mit Rahmen

Imitation eines Wappens mit patinierter Goldbronze und grüner Bronze

Bei diesem Beispiel wird jeder Abschnitt nach dem Übertragen der gesamten Zeichnung zunächst im entsprechenden Grundton ohne strikte Begrenzung der äußeren Umrisse gemalt. Der schwarze Hintergrund wird unter Berücksichtigung der Konturen zuletzt angelegt und sorgt für die endgültigen sauberen Umrisse.

Krone und Helmzier

Grund aus Goldbronze, der mit Copallack geschützt und mit Öllasur in Siena natur und Umbra gebrannt schattiert wird.

Helm

Grauer metallisierter Grund aus zwei Tönen (Aluminiumbronze und Schwarz), der anschließend mit einer schwarzen Öllasur schattiert wird, ohne daß die stabile Bronze isoliert werden muß.

NIEDRIGER TISCH
Blick von oben auf das beschnittene Tuch, das nach dem Trocknen der doppelten Goldstreifen für die Umrandung der Sternstrahlen unter Glas aufgezogen wurde.

DEKORATIVE TAFEL
Einhorn in einem Grünspanton (bläuliches Grün), schattiert mit einer Lasur aus Umbra und Siena natur. Schild in Hellgrün mit etwas getupfter Bronze. Nachdem das Tuch unter Glas aufgezogen worden ist, wird das Werk mit einem Rahmen in einem patinierten Goldton versehen.

Technik der Camaieu-Malerei

Die Harmonie der Camaieu-Malerei ergibt sich aus den unterschiedlichen Tonwerten ein- und derselben Ausgangsfarbe.
Die Tonwertskala entsteht, indem man nach und nach Weiß zu der gewählten Farbe gibt (Farkonzentrat, Tubenfarbe oder Farbpigmente). Dies entspricht der einfachen Übung einer Abstufung (s. S. 38).
Schwieriger ist es, eine Ausgangsfarbe aus mehreren Farbtönen zu komponieren, um eine bestimmte Nuance nachzuahmen, und mit dieser Mischung eine Camaieu-Malerei anzufertigen (s. S. 40).
Eine feststehende Grundfarbe, mit der man nach Wunsch eine ganze Serie stets harmonierender Tonwerte erzielen kann, hat entscheidende Vorteile:

- Im Bedarfsfall kann man durch einfaches Zugeben von Weiß die gleiche Farbe in einem helleren Ton mischen.
- Mit Hilfe der aufbewarten Grundfarbe kann man später eventuelle Retuschen an der fertigen Arbeit vornehmen, ohne Fehler bei der Anpassung des Tons zu riskieren.

Relief

Mit derselben Technik und drei sorgfältig plazierten Tonwerten kann man eine Reliefwirkung erzeugen. Man benötigt:

- einen Ausgangston,
- einen helleren Ton für die beleuchteten Stellen sowie
- ein dunkleren Ton für die Schatten.

Ein vierter sogenannter Zwischenton kann hinzugefügt werden (siehe Beispiel Nr. 1).

Grisailles

Monochrome Dekors, Grisailles genannt, sind ein noch spektakuläreres Beispiel. Die Technik besteht darin, mit unterschiedlichen Grauwerten die leicht vorspringenden Steinskulpturen der Basreliefs zu imitieren.
Neben den Grautönen, die für die Stein- und hellen Marmornuancen benötigt werden, kann man für klassische Ornamente auch sehr hübsche Grisailleseffekte aus der Tonwertskala gedämpfter Farben erhalten (Umbra, Siena, Grün und graustichiges Blau). Siehe zweites Beispiel.

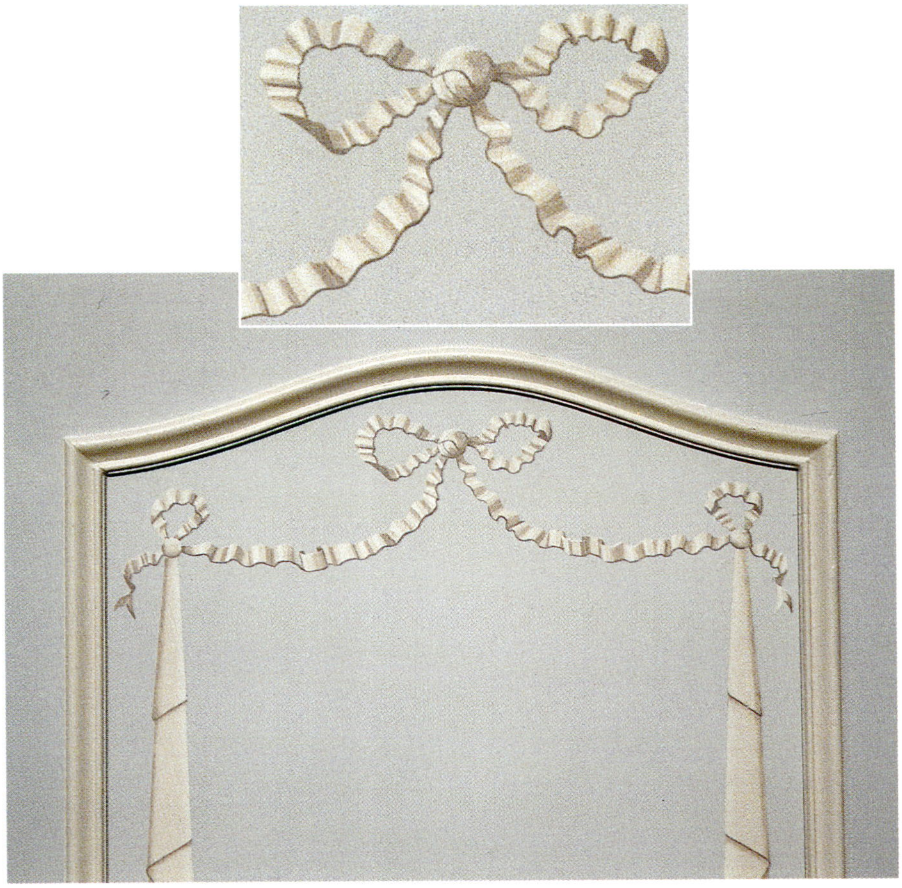

1. Verzierung auf der Füllung einer Tafel
Gekräuseltes Band in Altrosa auf einer Holzvertäfelung

2. Allegorie im Kranzgesims einer Zimmerdecke
Grisaille von Émile Levy
Appartements Napoleon III, Louvre, Paris

Die Technik

Es gibt zwei Möglichkeiten für den Ausgangston:
- Entweder verwendet man einen einzige Farbton (Farbkonzentrat, Tubenfarbe etc.), sofern die damit zu erzielende Harmonieskala den eigenen Wünschen entspricht,
- oder man mischt den Grundton aus mehreren Farben.

Wie man Camaieutöne aus einem einzigen Farbton herstellt

- Tönen Sie Weiß mit Farbkonzentraten oder Tubenfarben immer stärker ab (gleiche Bindemittelbasis verwenden).

Anmerkung: Diese Methode eignet sich besonders für mittlere und helle Töne, bei denen Weiß den Hauptanteil bildet. Für dunkle Töne ist sie nicht ratsam, da der Anteil an Farbkonzentrat das vorgeschriebene Mengenverhältnis überschreiten würde.

- Tönen Sie Weiß mit Hilfe einer gebrauchsfertigen Farbe immer stärker ab (gleiche Bindemittelbasis verwenden).

Anmerkung: Diese ebenfalls einfache Methode enthält keine Beschränkungen hinsichtlich der jeweiligen Farbanteile.

- Stufen Sie eine gebrauchsfertige Farbe durch Zugabe von Weiß immer stärker ab (gleiche Bindemittelbasis verwenden).

Anmerkung: Diese Methode ist die rationellste für Töne im mittleren und dunkleren Bereich, da der Hauptanteil der jeweiligen Nuance nicht aus Weiß besteht. Behalten Sie eine gewisse Menge der Grundfarbe in Reserve, bevor Sie das erste Weiß zufügen.

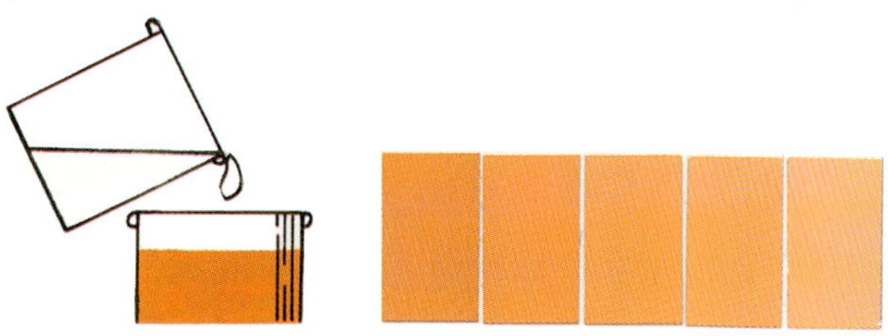

In allen Fällen kann man die Unterschiede zwischen den Tönen gut „neu in neu" auf einem einfachen Malerspachtel überprüfen, den man senkrecht unter eine helle Lichtquelle hält.

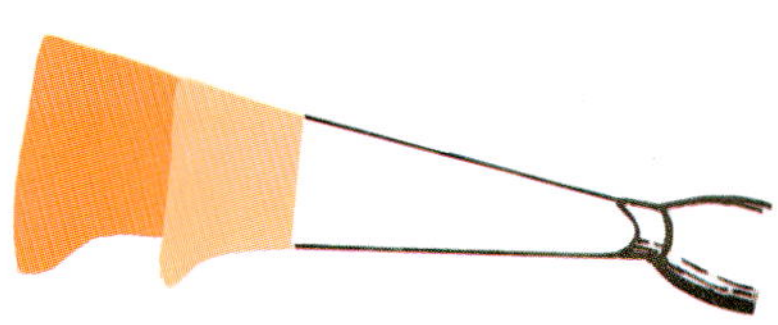

VERWENDUNG DER CAMAIEU-MALEREI FÜR VERZIERUNGEN
Fries aus vier Tonwerten derselben Farbe und dem zuvor gemalten Untergrund aus Lasurfarbe, die mit einem Schwamm getupft wurde

Verzierung eines Spielekästchens aus fünf Tonwerten einer gebrauchsfertigen grünen Bronze, die aus einer Farbenkarte gewählt wurde

Zahlreiche Elemente, die man bei der Innendekoration in die Farbenharmonie einbezieht (Vorhänge, Polsterstoffe etc.), weisen Mischnuancen auf. Um sie genau wiederzugeben, muß man sie aus zahlreichen Farbtönen präzise ermischen. Hat man diese Grundmischung einmal gefunden, lassen sich damit außerordentlich reiche Farbenskalen herstellen, deren Töne immer miteinander harmonieren.

Wie man Camaieutöne aus verschiedenen Mischfarben herstellt

- Versuchen Sie zunächst, den Ton Ihrer farbigen Vorlage genau nachzumischen. Verwenden Sie dazu eine kleine Menge Weiß mit den sorgfältig ausgewählten Mischfarben.
- Vergleichen Sie das Ergebnis ständig mit der Vorlage, und geben Sie eine kleine Menge der endgültigen Mischung als Probe auf den Malerspachtel.
- Nun können Sie den Grundton mischen, indem Sie die benötigten größeren Mengen der Farben im gleichen Verhältnis wie bei der Probe in einem Gefäß verrühren.
- Nachdem sich die Tongleichheit durch einen Vergleich der beiden Farbmuster bestätigt hat, stellen Sie durch Zugabe von weiterem Weiß eine Farbenskala her.

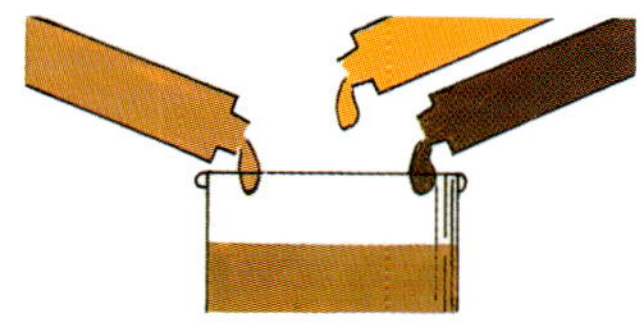

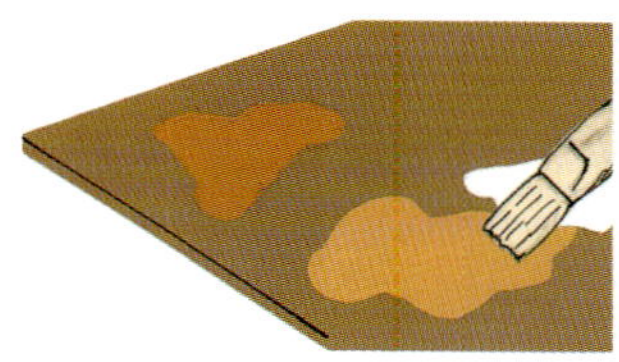

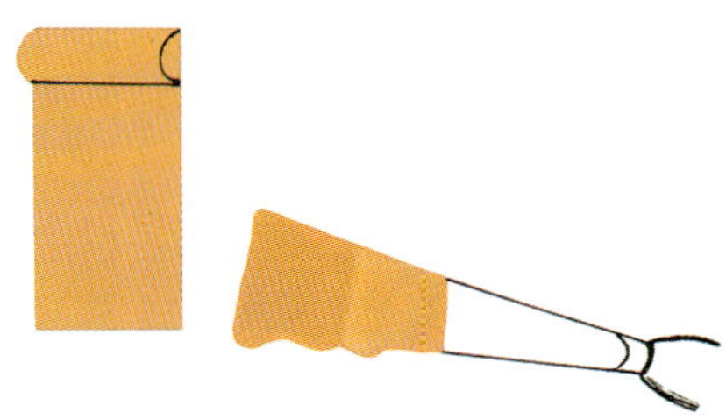

HARMONIE AUF EINER HOLZVERKLEIDUNG
Traditionelle Malerei aus mehreren Tonwerten, von denen einer den Grundton wiedergibt. Nur ein schmaler Streifen in Ocker, der an Laub erinnert, hebt die Leisten hervor und gestaltet die blaustichige Camaieu-Malerei wärmer.

Neben den zuvor genannten Harmonien auf der Grundlage von sogenannten flachen deckenden Farben kann man auch eine Tonmalerei aus einer einzigen Lasurfarbe in unterschiedlichen Stärken anfertigen. Dieses Verfahren eignet sich zwar nur für bestimmte Gelegenheiten, ist aber dennoch nützlich und leicht umsetzbar.

Wie man unterschiedliche Lasuren derselben Farbe erhält

- Tönen Sie (je nach Vorlage) Öllasurfarbe kräftig mit pulverförmigen Farbpigmenten. Durch Zugabe von gebleichtem Leinölfirnis zur Grundmischung erhält man nach Bedarf die benötigten helleren Nuancen.
  Anmerkung: Diese Lasurfarbe hält sich wegen des Absetzens der Pigmente nur zwei Tage. Für eine längere Verwendung mischen Sie denselben Grundton ausschließlich aus Tubenölfarben.
- Mischen Sie den Grundton nach der Vorlage aus Acrylfarben. Mit dieser Grundmischung können Sie anschließend die unterschiedlichen Lasurfarben auf Wasserbasis herstellen. Machen Sie von jeder Mischung eine Probe auf einer Extraplatte.

Beispiele für die Verwendung

Imitation von farbigen Quadersteinen: Verwenden Sie drei Lasuren desselben Grundtons, und tragen Sie diese Stein für Stein auf die unterteilte Fläche. Es entsteht ein einheitliches harmonisches Ensemble (siehe nebenstehende Abbildung).

Patinieren von Wänden, Holzvertäfelungen, Möbeln: Durch Auftragen mehr oder weniger deckender Lasuren derselben Skala lassen sich bestimmte Teile gut hervorheben.

Bei dem Beispiel auf Seite 43 entstand mit einem Grundton aus drei Acrylfarben (Siena natur, Siena gebrannt und Rotocker) eine helle Lasur für die Leisten, eine kräftigere für die Füllung und schließlich eine fast deckende auf einem andersfarbigen Grund für den Sockel.

Ferner wurden die weißen Leisten passend zum Stoff mit einer grüngelben Öllasur leicht nuanciert, kaum deckende schmale Streifen um die Leisten herumgezogen und die Sockelleiste mit dem grünen Fond getupft.

Die befriedigendste farbliche Lösung erhält man durch Verwendung zweier gut abgestimmter Tonwertskalen. In der Innendekoration verhindert die Wahl zweier komplementärer Skalen die eventuelle Monotonie aufgrund einer reinen Ton-in-Ton-Ausstattung und bietet zusätzliche Farbmöglichkeiten für die weiteren dekorativen Elemente des Raums.

CAMAIEU-ARBEIT MIT LASUREN
Muster für eine Holzvertäfelung zur Auswahl des Materials und der Farben in harmonischer Abstimmung mit einem Bezugsstoff.
Sie besteht aus
- *Patina (geglättet, gewischt, gestupft, gewickelt) in drei Tonwertstärken derselben Grundfarbe sowie*
- *Hervorhebungen mit grüngelber Lasur (als Gegensatz zum rötlichen Beige) in drei Tonwerten einer anderen Grundfarbe.*

Einige Empfehlungen

Die Grundfarben

Die Grundtöne aus Farben auf Öl- oder Lösemittelbasis sowie Farben auf Wasserbasis müssen unbedingt in einem geschlossenen Gefäß aufbewahrt werden. Trotz dieser Vorsichtsmaßnahme verdicken kleinere Mengen rasch und werden unbrauchbar.

Grundtöne, die man selbst mischt, müssen in ausreichender Menge hergestellt werden, um den Bedarf für das Werk und eventuelle weitere Arbeiten nach dessen Fertigstellung vollständig abzudekken. So erspart man sich das erneute Mischen mit möglicherweise falschen Farbanteilen.

Anmerkung: Bei manchen fertigen Arbeiten (retuschierte Friese, künstlerische Camaieu-Arbeiten, Skulpturen und Profilleisten als Trompe l'oeil) kann der dunkelste Ton für die Schatten, die Umrisse und sonstige Hervorhebungen neben dem Grundton eine Spur Schwarz, Umbra natur oder Dunkelviolett enthalten. Die Zugabe muß äußerst behutsam unter Ausführung mehrerer Probeaufstriche erfolgen, damit keine falsche Nuance in die monochrome Harmonie gerät.

Eine zusätzliche Farbnuance eignet sich vor allem für Camaieu-Arbeiten aus einem eher schwachen Ausgangston.

Beispiel: Das Siena natur, das in größerem Umfang für das Panoramabild gegenüber verwendet wurde.

Die Tonwerte

Manche Farben (u.a. matte und seidenglänzende Alkydharze) dunkeln beim Trocknen nach. Man sollte daher vor dem endgültigen Auftrag vorsichtshalber einen Probestrich anfertigen. Nachdem Staubtrockenheit erreicht ist, kann man ihn beurteilen und eventuellen späteren Abweichungen durch Veränderung des Weißanteils zuvorkommen.

Um den Abstand zweier Tonwerte gut zu erkennen, sollte man beide in frischem Zustand vergleichen. Der Vergleich eines frischen Tons mit einem bereits getrockneten führt häufig zu Irrtümern (der getrocknete Ton öliger Farben ist immer dunkler). Für das erneute Mischen eines nicht ausreichenden Tons verwenden Sie die restliche frische Farbe als Muster.

Darüber hinaus müssen Sie das Gesetz der Simultankontraste berücksichtigen, nach dem die hellen Töne heller und die dunklen Töne dunkler wirken, als es ihrem eigentlichen Wert entspricht.

Bei der Camaieu-Malerei mit mehreren Tonwerten kann man eine gleichmäßige Abstufung erzielen, indem man den Anteil des Grundtons bei gleichbleibender Menge Weiß nach und nach erhöht. Verwenden Sie ein kleines Gefäß als Maßeinheit.

Anmerkung: Bei diesem Beispiel wurden die acht verwendeten Töne wie folgt gemischt:

- ein Teil Weiß und ein Teil Grün für Ton 1,
- ein Teil Weiß und zwei Teile Grün für Ton 2,
- ein Teil Weiß und drei Teile Grün für Ton 3 etc.

Die Anlage der einzelnen Töne wird erleichtert, indem man den Entwurf vorab durchnumeriert. In einer Vorstudie kann man darüber hinaus die Lage der beiden Extreme festhalten (hellster und dunkelster Ton).

ZEITGENÖSISCHES WANDDEKOR
Panorama (2,90 x 3,50 m) mit einer Tonwertskala auf der Basis von Siena natur. Für Arbeiten dieser Art sollte man nach der Anfertigung von Probeaufstrichen zunächst die vier oder fünf Haupttöne in getrennten Gefäßen mischen. Dadurch sichert man sich die tonwertgleiche Harmonie, selbst wenn mehrere Künstler an der Arbeit beteiligt sind.
Manche Nuancen wurden äußerst behutsam mit einer Spur Chromorange wärmer gestaltet, andere mit einer sehr kleinen Menge Umbra natur und Violett abgestumpft.
Ausführung: P. Amblard – Eingangshalle der IPEDEC.

Imitierte Türfelder und einfache Verzierung für flache Türen

Um die glatten Türen einer neueren Wohnung dekorativer zu gestalten, ohne gleich zu komplizierten, teuren Trompe-l'oeils greifen zu müssen (Imitation von Holz, imitierte schattierte Profilleisten, Ornamente etc.), kann man ein Türfeld oder ein einfaches dekoratives Element aus unterschiedlichen Farbtonwerten imitieren.

Die einfarbige Fläche von etwa zwei Quadratmetern, aus denen eine Tür besteht, bildet den idealen Untergrund für klassische Elemente wie Rahmen aus Profilleisten, erhabene Türfelder, gewölbte Querfriese, imitierte Glasmalerei etc.

Die hier beschriebenen Arbeiten können selbstverständlich ebenfalls für Möbeltüren (Schrankwände, Kleiderschränke) sowie für Mauern verwendet werden, um deren Vertäfelung vorzutäuschen.

Die nachfolgend erklärte Technik ist allen zugänglich, da die unterschiedlichen Farbtöne mühelos durch Abdeckfolie begrenzt werden können.

Flügel eines kunstvoll gestalteten traditionellen Portals

Einige Grundsätze

- Überziehen Sie die glatte Tür zunächst mit einer seidenglänzenden Farbe in jenem Grundton, aus dem die weiteren erforderlichen Nuancen in kleinen Mengen gemischt werden sollen (helle und dunkle Tonwerte). Auf diese Weise erhält das spätere Ergebnis einen professionellen „Touch".
- Fertigen Sie eine Vorskizze zum Beispiel im Maßstab 1:10 an, und überprüfen Sie darin die Proportionen der geplanten Formen. Legen Sie als erstes die Breite der senkrechten Seitenteile und der waagerechten Friese fest.
  Das Maß kann je nach Breite der Tür (63 bis 93 cm) und Stil oder Charakter des Zimmers zwischen 6 cm und 12 cm variieren.
- Beginnen Sie die Vorzeichnung mit den Umrissen der Tür, und zwar genau parallel und rechtwinklig. Übertragen Sie anschließend die Höhen der Türfüllungen sowie des mittleren Frieses auf die erhaltene Fläche.

Bevor Sie die endgültige Zeichnung anlegen, markieren Sie einige Fixpunkte mit Kreide, um eventuelle Bleistiftspuren zu vermeiden.

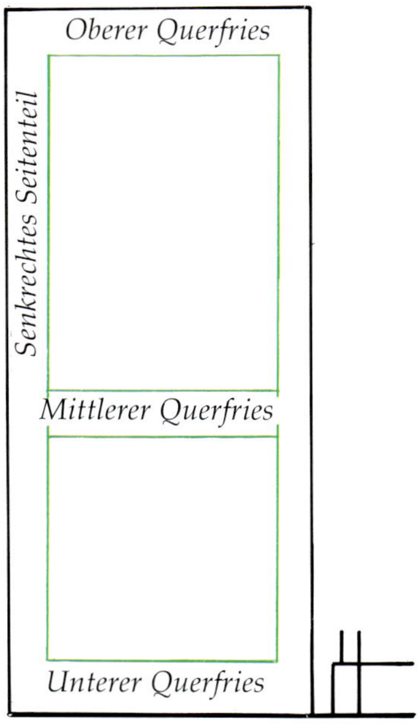

Der untere Querfries ist häufig so breit, daß er an die Sockelleiste paßt.

Aktuelle Entwicklung der Türen zu neuen dekorativen Formen

Gardesa-Türen

Husky-Türen

Die Technik

Türen mit geraden Füllungen

Die Darstellung der Füllungen geschieht mit Hilfe heller und dunkler Flächen, die präzise angelegt werden müssen. Licht und Schatten werden von schmalen Strichen, Gehrungen, mehr oder weniger breiten Streifen etc. wiedergegeben, möglichst in derselben Farbenskala wie der Grundton.
Wählen Sie wie bei den folgenden Beispielen stets jene Lösung, die ein Minimum an Abdeckbändern erfordert.

Beispiel 1

- Vorzeichnung mit der Lage der Profilleisten und der Füllung, wodurch die schmalen Begrenzungen und das zu imitierende erhabene Feld festgelegt werden.
- Kleben Sie die hellen Profilleisten zur Hälfte ab, und tragen Sie den hellen Ton auf.
- Kleben Sie die andere Hälfte für die dunklen Seiten einschließlich Gehrungen ab, und tragen Sie den dunklen Ton auf.
- Ziehen Sie mit dem Pinsel schmale helle und dunkle Streifen um das erhabene Feld.

Beispiel 2

- Vorzeichnung und inneres Abdecken des erhabenen Feldes an allen vier Seiten.
- Auftragen des hellen Tons auf der Hälfte des schmalen Bandes entlang dem abgedeckten erhabenen Feld mit anschließendem abgestuften Stupfen.
- Auftragen des dunklen Tons auf die andere Hälfte des schmalen Bandes mit ähnlicher Abstufung.
- Darstellung der Profilleisten in zwei Schritten wie oben. Dazu ist zweifaches Abkleben erforderlich.

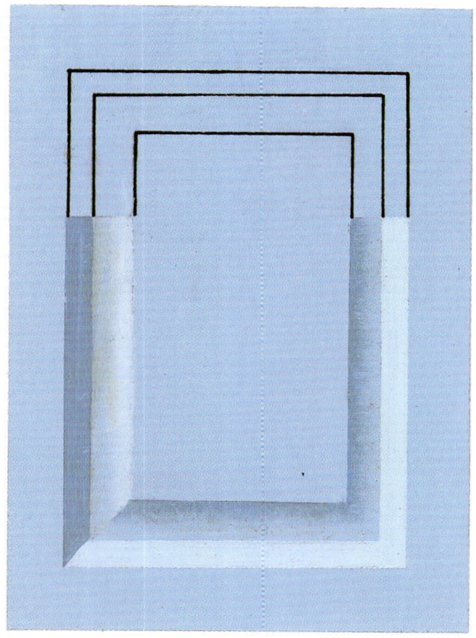

Beispiel 1

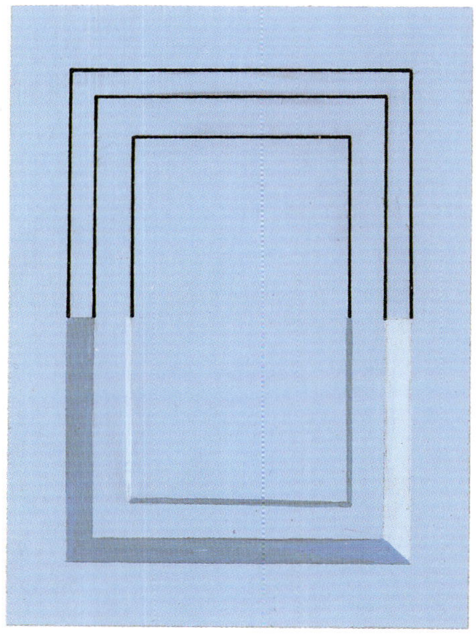

Beispiel 2

Anmerkung: Durch Auftragen des hellen oder dunklen Tons auf den schmalen Streifen (etwa 1/3 der Breite) und abgestuftes Stupfen der gegenüberliegenden Seite wird die erhabene Füllung plastisch (siehe Erklärung S. 52).

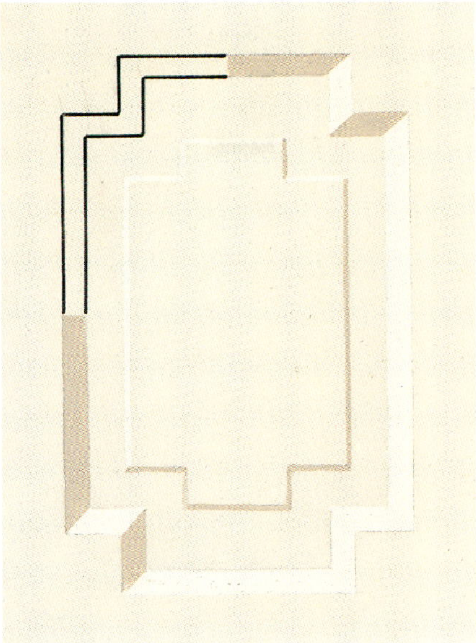

Füllung mit stufenförmigen Ecken aus zwei Tönen

Kreuzförmiges Feld aus drei Tönen

Um wie im nebenstehenden Beispiel einen größeren Kontrast zu erhalten, kann man die schmalen Begrenzungen um die Füllung auch in einem dunkleren Ton als die Hauptfarbe malen. Bei diesem Verfahren folgt man einer Bleistiftmarkierung, die anschließend von der Farbe für die Kanten und dem schmalen Streifen um das erhabene Feld verdeckt wird.

Türen mit Bossenwerk
Diese Füllungen mit ihrem winkligen Relief sind das typische Ergebnis einer klugen Verteilung von hellen und dunklen Tönen. Häufig erfordert eine Beleuchtung von links oben die Verwendung von drei oder vier weiteren Tönen zusätzlich zum Grundton.
Um äußerste Sauberkeit zu wahren, empfiehlt es sich, zunächst die gegenüberliegenden Flächen zu malen, die sich nicht berühren, und anschließend nach präzisem Abdecken der Gehrungen, Spitzen etc. den oder die nächsten Töne auf die restlichen Abschnitte zu legen.

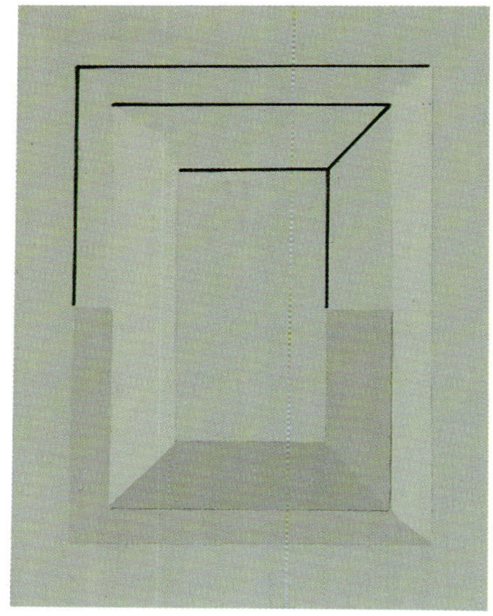
Beispiel 1

Beispiel 1
- Vorzeichnung und inneres Abdecken des erhabenen Feldes.
- Auftragen der seitlichen, sich nicht berührenden zweiten und dritten Töne bis zur Bleistiftlinie für die Profilkante (ohne Abdecken).
- Abdecken der Schrägkanten auf der getrockneten Fläche, und Auftragen des ersten (hellen) und des vierten (dunklen) Tons bis zur Bleistiftlinie für die Profilkante.
- Darstellung der Profilkanten (in zwei Schritten wie zuvor) nach dem Abdecken zu beiden Seiten der Striche.

Beispiel 2

Beispiel 2
- Vorzeichnung und Abdecken der linken Schmalseite sowie Auftragen des seitlichen zweiten Tons bis zu den Bleistiftlinien.
- Abdecken des zweiten Tons und der rechten Schmalseite sowie Auftragen des seitlichen dritten Tons.
- Abdecken in drei Richtungen und Auftragen des ersten und vierten Tons.

Anmerkung: Die unterschiedlichen Farbtonwerte dieses Beispiels entstanden aus einem einzigen Ausgangston (Grün, Lichter Ocker, Umbra natur) sowie der Farbe für den Grund.

Klassische Diamantspitze
aus vier Tönen

Verzierung mit Feldern
aus drei Tönen

Entwurf für den Türflügel eines Wohzimmers
im Stil Ludwig XIII
(2,10 x 0,83 m)

Türen mit geschweiften Füllungen

Für die Wiedergabe gewisser klassischer Stile, aber auch einiger zeitgenössischer Tendenzen sollte man auch geschweifte Profilleisten, Füllungen, Rundbögen, Viertelrondelle etc. darstellen können.

Die Anlage der Farben für geschweifte Elemente beinhaltet eine zusätzliche Schwierigkeit.

Beispiele

Neben dem Umreißen aus freier Hand mit dem Pinsel, das dem erfahrenen Maler vorbehalten bleibt, hier einige weitere Hilfsmittel, mit denen man geschweifte Elemente leicht malen kann:

- Spezialabdeckfolienstreifen, mit denen man den Krümmungen innerhalb der Vorzeichnung folgt;
- selbstklebende Abdeckfolie als Einzelblatt, auf die man die gewölbten Abschnitte überträgt und als Schablone ausschneidet;
- Schablonenkarton, mit dem man eine Schablone anfertigt (je nach Größe mit Halterungen). Für den Amateur bringt dies vor allem Vorteile, wenn er dieselbe Schweifung an mehreren Füllungen anfertigen muß.

Retouchieren Sie in allen Fällen die Konturen mit einem feinen Pinsel, und entfernen Sie eventuelle Farbflecken mit der Spitze eines Pinselstiels, um die Sie ein weiches Tuch gewickelt haben.

Anmerkung: Der Eindruck von abgerundeten Profilen aus dem Spiel von Licht und Schatten entsteht, indem man die Ränder der aufgetragenen Farben senkrecht stupft, um sie abzustufen und schöne gleichmäßige Übergänge herzustellen (Türleisten S. 53). Verwenden Sie dafür die Spitzen einer kleinen Stupfbürste. Diese Art der Abstufung wird durch flüssigere Farbe erleichtert, die man mit einem Künstlerpinsel auf die zu lavierenden Teile aufträgt.

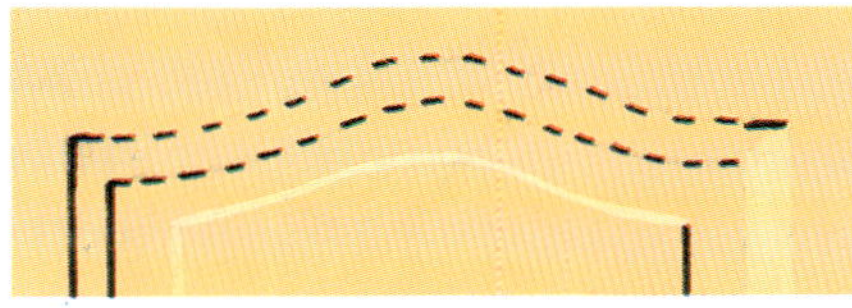

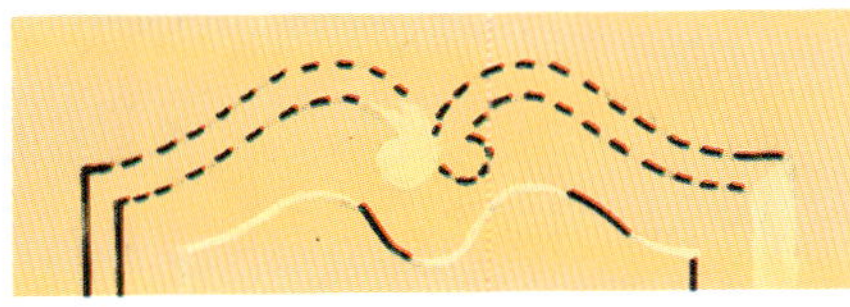

Tür mit gemalten Füllungen in abgestuften Holztönen

Tür mit geschweiften abgestuften Füllungen

Füllung mit erhabenen Doppelfeldern

Gemalte untere Füllung eines Möbels

Die Beispiele auf dieser Doppelseite für Türen mit gemalten Füllungen, die keine größeren fachlichen Vorkenntnisse erfordern, sind nicht mit der komplizierten Imitation von Profilleisten, Ornamenten oder Trompe l'oeils aus Lasuren mit gebleichtem Leinölfirnis zu vergleichen. Mit Hilfe dieser einfachen, nicht kostspieligen dekorativen Arbeiten kann man jedoch das Dekor öfter wechseln und die Farben einer neuen Raumausstattung aus Möbeln, Wandbespannung, Teppichboden, Polsterstoffen etc. anpassen. Denken Sie daran, daß man auch zwei unterschiedliche, harmonisch abgestimmte Tonreihen an ein und derselben Tür verwenden kann (siehe mittlere Tür, Seite 57 oben).

TRADITIONELLE FORMEN

ZEITGENÖSSISCHE FORMEN

Verschiedene Modelle

Für die Darstellung von Türfüllungen (oder die Imitation von Material, das nicht in diesem Buch behandelt wird) kann man auf folgende Dekors zurückgreifen:

- Motive aller Stilrichtungen, die man mit einer Schablone malt. Dieses leicht auszuführende Verfahren ermöglicht die verschiedensten Anordnungen: Wiederholung des Motivs in den vier Ecken, zentrales Ornament oben und unten, Fries entlang den Seiten etc. (Beispiel 1);
- schmale Streifen und Borten bis zu Flechtwerk und Mäandern etc.;
- farbige geometrische Formen;
- stilisierte Formen als Silhouette, in Halbtönen etc;
- spezielle Themen je nach Bestimmung des Objektes (Beispiel 2: Eingang zu einem Wintergarten).

Beispiel 1

Beispiel 2

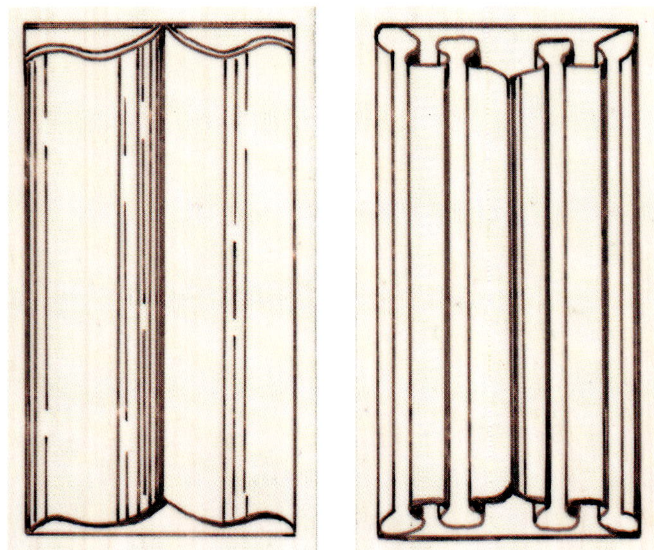

FELDER MIT FALTENWURF

Diese für die Gotik charakteristische mittelalterliche Verzierung eignet sich gut für sehr rustikale Räume. Sie wird auf einem Holzton (am besten auf der Imitation von Eiche) oder sonstigen dunkleren Tönen angelegt. Ihr Aussehen erinnert an die Falten der Häute, mit denen die Holztruhen früher bedeckt waren.

Verschiedene Modelle

Imitation von Spalieren

Infolge der Bedeutung der französischen Parks und Gärten während der Regentschaft Ludwig XIV. ist das Spalier heute noch eines der wichtigsten dekorativen Elemente unserer Gärten. Echtes Spalier besteht aus parallelen Holzlatten, die normalerweise zu rechteckigen bzw. quadratischen oder rautenförmigen Maschen zusammengefügt werden. Die perspektivische Wirkung von Bögen, Türen und manchen schrägen Elementen reizt dazu, diese spezielle Verkleidung zu imitieren und als Dekoration für Innenräume und Außenmauern zu verwenden.
Während zu Beginn des 20. Jahrhunderts klassische rautenförmige Maschen in grünen Farben groß in Mode waren, beobachtet man neuerdings eine Entwicklung zu quadratischen Formen für Spaliere.

Die Technik

Die Arbeit umfaßt eine Skizze oder einen Entwurf, eine Vorzeichnung, das Abdecken, das Malen der Oberseiten und der Schmalseiten der Latten sowie der Schatten. Sie wird auf einem vorbereiteten, relativ glatten Grund ausgeführt, auf dem sich nach Bedarf Abdeckstreifen kleben, schmale Pinselstriche ziehen oder beide Techniken miteinander verbinden lassen.

Skizze oder Entwurf
Je nach Umfang des Projekts fertigt man eine Skizze im Maßstab 1:1 oder einen Entwurf auf farbigem Grund an, um die Komposition und die Form des Gitters, die Maße der Tafeln, die Rauten, die Farben etc. festzulegen.

Vorzeichnung
Empfohlene Maße für die Rauten:
26 cm x 16 cm (Höhe x Breite) für „Standard-Gitter;
36 cm x 24 cm (Höhe x Breite) für Gitter mit großen Maschen.
Andere Proportionen für sehr spitze Rauten sind möglich. (Quadratische Maße siehe S. 64).

- Zeichen Sie die äußeren Umrisse der Tafel.
- Ziehen Sie an der Innenseite dieser Tafel eine zweite Linie in der Breite einer Latte (etwa 2,5 cm – Abb. 1).
- Übertragen Sie zu beiden Seiten dieser inneren Linie in gleichmäßigen Abständen die Markierungen für die Spitzen der Rauten. Berechnen Sie die Maße vorab, um sowohl in der Höhe als auch in der Breite volle Maschen zu erhalten.

DETAILS

Abb. 1

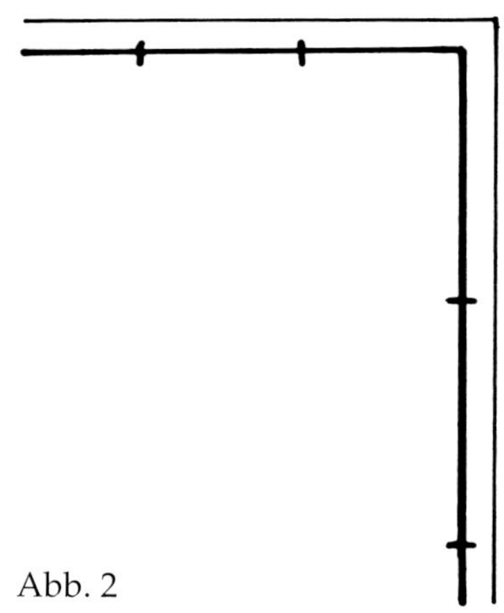

Abb. 2

Beispiel: Breite der Tafel 140 cm, gewünschte Breite der Raute: 16 cm.

1. $\frac{140}{16} = 8{,}75$: also ungefähr neun Rauten in der Breite.

2. $\frac{140}{9} = 15{,}55$: benötigtes Maß, um die Markierungen für neun gleiche Rauten dieser Breite zu erhalten.

3. Führen Sie dieselben Überlegungen für die durchschnittliche Höhe der Rauten durch (etwa 26 cm).

- Verbinden Sie die Anhaltspunkte durch Diagonalen (Bleistift für kürzere, Schnurschlag für längere Linien), um alle Achsen für die Latten zu erhalten (Abb. 3).
- Überprüfen Sie Ihre Grundzeichnung (perfekte Symmetrie der Rauten etc.), und markieren Sie die Breite jeder Latte zu beiden Seiten der Achsen mit Hilfe eines Pappmaßes (Abb. 4).
- Zeichnen Sie mit einem Lineal die Kanten, die Stärke und die Schatten entsprechend der gewünschten Reliefwirkung (s. S. 61).

Details

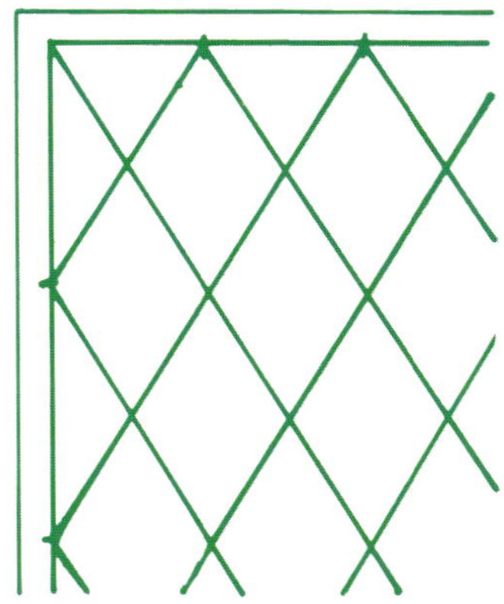

Abb. 3

Abb. 4

Echtes Spalier

Abkleben
Für die Imitation von Spalieren benötigt man hauptsächlich ein Lineal zum Stricheziehen und Abdeckbänder. Um Zeit zu sparen, sollte man das Anbringen von Klebestreifen so stark wie möglich beschränken.

Malen der Oberseite der Latten, der Stärke und der Schatten
Ziehen Sie die Ober- und die Schmalseiten der Latten mit einer einzigen, gut deckenden Schicht, die zum Hintergrund paßt. Die Schatten bestehen aus Lasuren oder verdünnter bzw. unverdünnter Farbe.

Beispiele für verschiedene Imitationen

Latten mit Teilschatten (Abb. 1, S. 61).
- Zeichnen Sie nach Anlage der Achsen die gesamten Latten.
- Kleben Sie alle Latten derselben Richtung ab, und malen Sie sie aus.
- Wiederholen Sie das Verfahren für die Latten in der anderen Richtung.
- Legen Sie die Teilschatten zum Beispiel mit einer Pappschablone an. Die Schatten können anschließend auf einer Seite abgestuft werden.

Latten mit unterbrochener Schmalseite (Abb. 2, S. 61)
- Nachdem die Achsen angelegt sind, zeichnen Sie die Oberkanten der Latten sowie deren Stärke mit der äußeren Begrenzung.
- Legen Sie zwei Abdeckstreifen entlang dieser beiden Striche, und malen Sie die Oberseiten aller Latten derselben Richtung. Gehen Sie jedoch nicht ganz bis an das Abdeckband der Schmalseitenbegrenzung heran.
- Zeichnen Sie die untere Begrenzung der Latten parallel zum Band für die Schmalseite.
- Kleben Sie den Strich mit Abdeckband ab, und malen Sie den so begrenzten Streifen für die Schmalseite.
- Zeichnen Sie die entgegengesetzten Latten. Begrenzen Sie deren Seiten mit zwei durchgehenden Abdeckstreifen, und legen Sie die Flächen an.

Latten mit durchgehenden Schmalseiten (Abb. 3, S. 61)
- Zeichnen und malen Sie zunächst die Latten ohne Schmalseiten.
- Stellen Sie anschließend die übrigen Latten mit ihren Schmalseiten wie oben dar.

Weitere Möglichkeiten

Mit zwei unterschiedlichen Schmalseiten

Mit abgesetztem Schatten

Mit durchgehendem Schatten und Lichtstreifen

1. Mit gleichmässigem und mit abgestuftem Teilschatten

2. Latten mit unterbrochener Schmalseite

3. Latten mit fortlaufender Schmalseite

Ausschnitt

Ausschnitt

Ausschnitt

Bei Projekten mit einem Gitter aus klassischen Rauten ist es ratsam, sich von der tatsächlichen Form der einzelnen Elemente inspirieren zu lassen, damit das Endergebnis so realistisch wie möglich wird. Die wichtigsten Bestandteile von Spalieren sind Füllungen, Pfosten, Giebel, Friese, Bögen, Öffnungen und Gesimse. Klassisches Spalier ist normalerweise grün. Man kann jedoch auch andere Farben dafür wählen.

Beispiele für die Farben

Modelle mit rautenförmigen Maschen

IMITIERTES SPALIER ALS WANDVERKLEIDUNG AUF GEWICKELTEM UNTERGRUND
Sockel- und Oberleisten in einem Holzton

Für quadratische Maschen sind die Maße 16 x 16 cm zu empfehlen, gemessen von den Achsen der Latten. Diese sind ihrerseits etwa 2,5 cm breit.
Die Maße für die Breite und Höhe der einzelnen Tafeln sollte also ein Vielfaches von 16 (oder einer nahen Ziffer) betragen, damit ein perfektes Quadratnetz entsteht.

BEISPIEL FÜR SPALIERE

MUSTER FÜR ELEMENTE MIT QUADRATISCHEN MASCHEN

Verwendung in zeitgenössischen Dekors

Wandtafel mit Himmel und Landschaft im Hintergrund

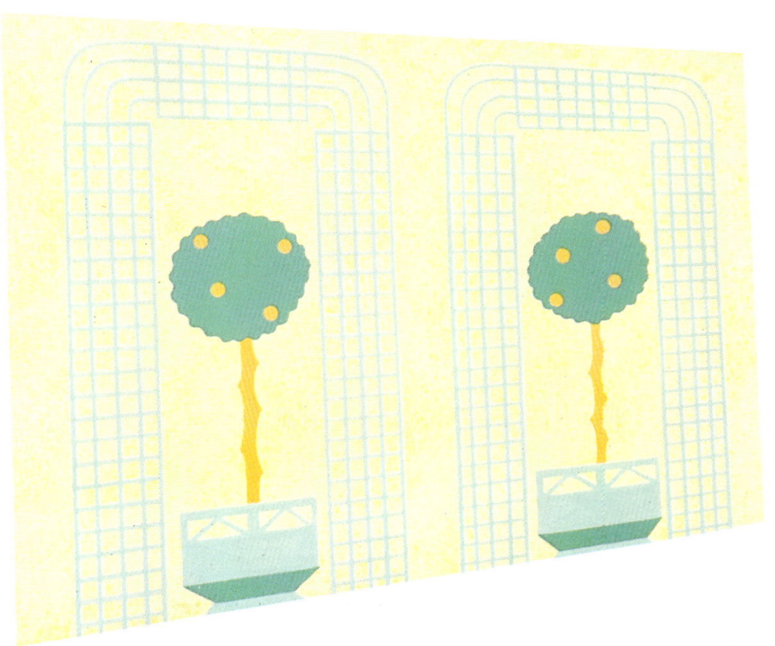

Entwurf für das Dekor einer Veranda

Zu den kostspieligsten Elementen echten Spaliers gehören wegen ihrer gewölbten Form die Türen und die Rundbögen.
Gerade diese Formen machen die Imitation von Spalieren so interessant.

TRADITIONELLE WANDDEKORATION
Spalier mit Gewölbeeffekt auf gemaltem Grund
mit Himmel und imitierten Steinen

Imitation von Steinen mit realistisch strukturierter Oberfläche

In Anlehnung an Landhäuser, Schlösser und alte Gebäude sorgen Natursteine in der Innendekoration für einen rustikalen Charakter (Abb. 1).
Die jeweiligen Farbtöne ergeben sich aus der unterschiedlichen Herkunft der Steine. Weitere charakteristische Merkmale sind der Aufbau (Verband) und die Lage der sichtbaren Seite (Ansichtsfläche). Quadersteine mit ihrem geometrischen Verband und ihren gleichmäßigen Fugen (Schichtmauerwerk) eignen sich für zahlreiche Gestaltungsmöglichkeiten. Die Bögen und Stürze über den Öffnungen und die plastischen Elemente können unterschiedlichen Stilen angehören (Abb. 2). Bei der Imitation ausschließlich mit flächigen Farben fehlt die Reliefwirkung (Ausnahme: von fern betrachtete Dekors). Man sollte daher wissen, wie man imitierte Steine mit einer realistischen Oberflächenstruktur darstellt. Diese muß durch die Raumbeleuchtung unterstrichen werden, was die Ähnlichkeit mit echten Steinen verstärkt. Der Baustoffhandel führt darüber hinaus eine große Auswahl an Steinverblendungen in Blockform oder als Platten unterschiedlichen Formats, die sich leicht handhaben und verkleben lassen (Abb. 3 und 4).
Für haltbare größere Arbeiten kann man daher auf dieses widerstandsfähige realistische Material zurückgreifen, mit dem man außerdem Zeit spart.

Beispiel für die Verwendung imitierter Steine
Die Imitation von Steinen mit Struktur eignet sich vor allem für kleinere Flächen mit besonderer Färbung und spezieller Oberflächenform, ebenso für Formate, die nicht im Handel erhältlich sind. Ferner benötigt man sie für zeitlich begrenzte Darstellungen (Bühnendekorationen, Ausstellungsstände etc.).

Die Technik

Bei der Darstellung von Steinen unterscheidet man folgende Arten:
- Die Imitation von Quadersteinen mit eher hellen beigen Tönen und gleichförmig granulierter Oberfläche sowie gradlinigen Fugen entsprechend ihrer geometrischen Anordnung. Diese Art eignet sich gut für große Flächen (Abb. 5).
- Imitation von mehr oder weniger geordneten Bruchsteinen von variabler Farbe, die in waagerechten Schichten gleichmäßig angelegt sind (Abb. 6).
- Imitation von „rohen“ Bruchsteinen als wilder Verband mit markanter Struktur in hellen oder dunklen Farben (Abb. 7).

Abb. 1: Echter Verband aus rohen Bruchsteinen

Abb. 2: Echter Verband aus Quadersteinen

Abb. 3: Verblendung aus nachgeahmten Blöcken

Abb. 4: Verblendung aus aufgeklebten Platten

Abb. 5: Quadersteine

Abb. 6: Behauene Bruchsteine als Schichtverband

Abb. 7: Rohe Bruchsteine als wilder Verband

Imitation von Steinen mit strukturierter Oberfläche

Es handelt sich um einen Halbsteinverband aus rechteckigen Steinen mit gleichmäßigem Korn und kreuzförmigen Fugen. Die Imitation ohne Struktur ist häufig anzutreffen (mit Hilfe eines einzigen Farbtons und anschließend eingezogenen schmalen Strichen für die Fugen), liefert aber kein Gefühl für das Steinmaterial.

Grundprinzip
Zeichnen Sie die Lage der Steine (waagerechte Lagerfugen, senkrechte Stoßfugen etc.) auf den weißen Grund, und decken Sie die gesamten Fugenlinien mit Abdeckstreifen ab.
Tragen Sie mit einer Malerrolle pastose Farbe auf, und entfernen Sie die Klebestreifen, bevor die Beschichtung angezogen hat. Malen Sie zum Abschluß mit einem schmalen Schrägstrichzieher die Fugen in einem hellen Ton, den Sie zuvor wegen der größeren dekorativen Wirkung mit Lasurfarbe und einem farbigen Bindemittelüberzug nuanciert haben.

Anmerkungen: Nähere Angaben für die Vorzeichnung (Maße, Verbände, Überbau von Öffnungen etc.) finden Sie in dem Buch „Die Technik des Patinierens und der Imitation", das ebenfalls in diesem Verlag erschienen ist.
Bei der pastosen Farbe kann es sich um matte Acryl- oder Alkydharzfarbe im Steinton handeln, die mit feinem Quarzsand von einem Drittel ihres Volumens angedickt und zusätzlich mit einem geeigneten Pinsel strukturiert wird. Vermeiden Sie matte Lackfarben. Diese lassen sich nicht ausreichend strukturieren und sehen unecht aus (Abb. 1).
Die pastose Farbe kann auch aus feinem streichfähigem Kunststoffputz bestehen, der ebenfalls mit einer Rolle aufgetragen wird.

Einfache Methode

- Nach den üblichen Vorbereitungen tragen Sie zunächst eine weiße matte Acryluntermalung auf (oder einen ähnlichen Haftgrund, der vom Putzhersteller empfohlen wird).
- Zeichnen Sie mit leichten Strichen den Mauerverband, und kleben Sie die Lage der Fugen mit Abdeckstreifen ab (8 mm bis 10 mm breit). Eine abwischbare Vorzeichnung erspart das spätere Übermalen.
- Überziehen Sie die gesamte Fläche mit einer Lammfellrolle mit dem Putz im Steinton. Nehmen Sie je nach gewünschter Struktur mehr oder weniger viel Masse auf. Die Struktur kann durch Bearbeiten mit einer Putzkelle nachträglich verändert werden. Da Kunststoffputz relativ rasch trocknet, sollten Sie ihn abschnittweise auftragen (von oben nach unten). Nutzen Sie die Fugen als Begrenzung, um sichtbare Ansätze zu vermeiden.
- Ziehen Sie die Abdeckstreifen ab, sobald das verstrichene Material leicht angezogen hat, und entfernen Sie eventuelle Unreinheiten in den Fugenrillen.
- Ziehen Sie zum Abschluß mit einem schmalen Schrägstrichzieher die Fugen (mattweiß, ockerstichig oder hellgrau; Beispiel 2).

Anmerkung: Vor dem Ziehen der Fugen kann die dekorative Wirkung wie folgt verbessert werden: Tragen Sie eine Schicht farbloses Bindemittel auf jeden Stein auf, und nuancieren Sie diesen durch leichtes Tupfen mit Siena natur und Umbra natur, solange der Bindemittelauftrag noch frisch ist (Acrylfarbe in Tuben oder Trockenpigmente).
Man kann auch drei benachbarte Tonwerte derselben Nuance mischen und jeden Stein anders anlegen. Außerdem kann man manche Stelle mit einem Schwamm stupfen, eine schräge Maserung darstellen etc. Der Bindemittelüberzug verstärkt die Haltbarkeit des Putzes bei Verschmutzung oder späterer Reinigung erheblich.

Beispiel 1: Die einzelnen Schritte mit pastoser Farbe
Abschlußnuancierung mit Bindemittelüberzug

Beispiel 2: Die einzelnen Schritte mit Kunststoffputz
Abschlußnuancierung mit Bindemittelüberzug

Fantasiequadersteine
Weiße pastose Acrylfarbe sowie unterschiedliche Kolorierung mit dem Schwamm (und tiefliegende Fugen durch Abdecken)

Zugemauertes Ochsenauge
Kunststoffputz mit leichter Kolorierung der Körnung. Zum Abschluß Anlage der Fugen in gebrochenem Weiß.

Imitation von behauenen Bruchsteinen mit Oberflächenstruktur

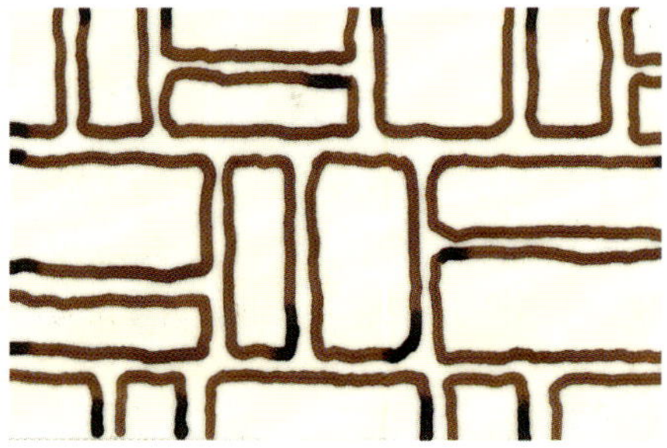

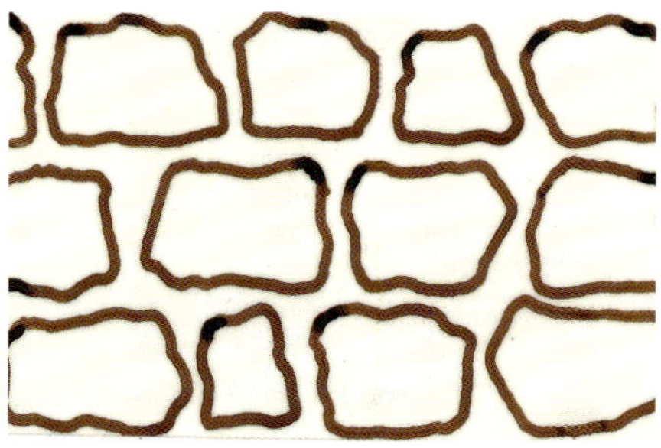

Bei dieser Arbeit bestehen die Mauerverbände aus waagerechten Steinschichten sowie unregelmäßig versetzten senkrechten Fugen. Die Steine können jedoch unterschiedlich angeordnet werden.

Grundprinzip

Ziehen Sie auf einem glatten Grund die waagerechten Linien für die Steinschichten (die Höhe dieser Reihen kann gleichmäßig oder variabel sein). Zeichnen Sie anschließend mit Bleistift die Umrisse der Steine. Tragen Sie mit einer kleinen Putztraufel Putz auf die gezeichneten Flächen, und legen Sie nach dem Trocknen ein oder zwei Farbschichten darüber. Ziehen Sie zum Abschluß in einem anderen Ton die Fugen. Bevor Sie diese anlegen, können Sie die einzelnen Steine ein wenig nuancieren, um deren dekoratives Aussehen zu verbessern.

Anmerkungen

Für den geeigneten Putz gibt es mehrere Mischungen. Hier drei Möglichkeiten:

- Mischen Sie breiigen Kunstharzputz mit feiner Körnung zu gleichen Teilen mit Putz, dem getrennt aufgelöster pulverförmiger Stärke- oder Zelluloseleim zugegeben wurde. Verrühren Sie die Masse in einem Gefäß. Die Mischung wird auf einen Untergrund aus matter Alkydharzfarbe aufgetragen und ergibt ein mittleres Relief von ein bis fünf Millimeter.
- Mischen Sie Kunstharzputz mit pulverförmigem Leim und Wasser (plus 1/5 Formgips je nach Dicke des Reliefs). Wegen seiner Saugfähigkeit muß das Relief nach dem Trocknen mit einer Grundierung und einem Deckanstrich versehen werden.
- Der zuverlässigste Putz besteht aus einer Mischung von pulverförmigem Knochenleim, der in Wasser angesetzt wird, sowie einem Drittel feinen Stuckgips oder Formgips. Er ist sehr hart, haftet gut und ergibt Oberflächenstrukturen bis 25 mm. Siehe Beispiele gegenüber.

Einfache Methode

- Nach der üblichen Vorbereitung tragen Sie einen weißen Acrylhaftgrund als Grundierung auf die gesamte Fläche auf.
- Ziehen Sie alle waagerechten Linien.
- Umreißen Sie die einzelnen Steine mit Bleistift. Sorgen Sie für eine gute Anordnung dieser Steine und eine interessante Abwechselung bei den senkrechten Fugen.
- Tragen Sie den Putz Stein für Stein auf, und modellieren Sie das Relief (teilweises oder vollständiges Stupfen mit einem Borstvertreiber, feuchtem Schwamm, Spachtel, grobem zerknüllten Tuch u.a. oder diverse Strukturen mit einem Malmesser).
- Entstauben Sie die Fugen nach dem Trocknen, und säubern Sie sie mit einem kleinen Spachtel.
- Tragen Sie zum Abschluß eine Grundierung und einen Schlußanstrich mit matter Acrylfarbe auf, und heben Sie die Fugen in einem anderen Ton hervor.

Bemerkung: Wie bei den vorigen Beispielen können vor der Anlage der Fugen zusätzliche Nuancen oder Farben mit Acryllasur oder einem Bindemittel (farblos oder getönt) auf die Steine aufgetragen werden.

Steine mit Oberflächenstruktur und farbigen Fugen
Hervortretender Mauerverband als Umrandung einer Öffnung auf einer Innenwand mit rustikalem Putz

Schrittweiser Aufbau einer Steinanordnung
Die Kolorierung erfolgt in einem einzigen Schritt, teils mit einem gelblichen Ton (Siena natur, eine Spur Umbra natur), teils mit einem Grauton (Umbra natur, eine Spur Schwarz), die mehr oder weniger ineinander übergehen

Imitation eines wilden Mauerverbands mit grober Oberfläche

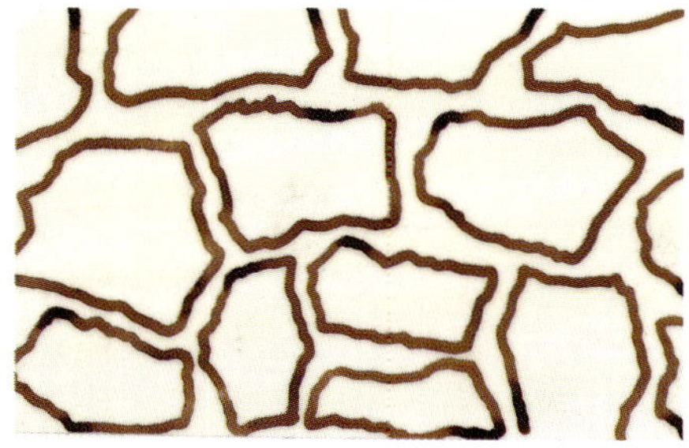

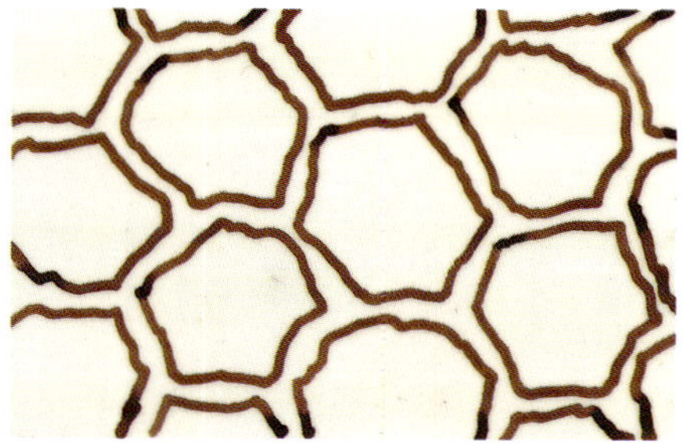

Dieser letzte Mauerverband besteht aus unbehauenen Bruchsteinen, die ohne Rücksicht auf eine schichtweise Ausrichtung, aber unter genauer Beachtung ihrer Formenvielfalt dargestellt werden.

Grundprinzip
Es handelt sich um das gleiche Verfahren wie zuvor beschrieben, jedoch ohne die hier überflüssigen waagerechten Linien. Man sollte das Putzrelief betonen und die Kolorierung durch eine Lasur zum Abschluß der Arbeit hervorheben.

Anmerkungen
Damit eine gute Imitation von Steinen gelingt, sollte man die zahlreichen echten Beispiele, die man überall findet, aufmerksam studieren und sich eine größere Fotodokumentation mit den typischen Mauerverbänden und deren realistischen Farben zulegen.
Auf allen Steinen mit Oberflächenstruktur läßt sich eine besonders dekorative Wirkung erzielen, indem man den Putz mehr oder weniger leicht tönt (Ocker als Universalfarbe), die Gesamtfläche mit einer kräftigeren Acryllasur überzieht und die vorhandenen Spitzen anschließend teilweise abschleift (Abb. 1, Seite 75).
Strebt man ein weniger ausgeprägtes Relief für die Bruchsteine an, kann man auf folgende Weise eine gute Wirkung erzielen: Verdikken Sie den Kunststoffputz mit einem pulverförmigen Füllmittel, und strukturieren Sie die einzelnen Steine nach dem Auftragen mittels eines Spachtels und eines angefeuchteten Naturschwamms.
Für aus freier Hand zu zeichnende Mauerverbände sollte man vorab eine Studie mit Farbkreide anfertigen und als Muster verwenden.

Die Technik (Abb. 2, S. 75)

- Nach dem Studium des gewählten Mauerverbands (und der eventuellen Kreideskizze) zeichnen Sie die Umrisse der einzelnen Steine mit Bleistift.
- Tragen Sie den gewählten Putz Stein für Stein auf, und modellieren Sie ihn entsprechend dem gewünschten Relief.
- Entkörnen und reinigen Sie die Fugen nach dem Trocknen (ein kleines Stemmeisen leistet dabei u.a. gute Dienste).
- Schließen Sie die Arbeit mit der Farbe ab (zwei Anstriche), und kolorieren und umreißen Sie zum Abschluß die Fugen.

Abb. 1: Schrittweise Darstellung von Bruchsteinen
Der letzte Überzug aus einer Bindemittellösung über die gesamte Fläche beseitigt die Saugfähigkeit der angeschliffenen Strukturen und ermöglicht eine teilweise Nuancierung vor dem Ziehen der Fugen.

Abb. 2: Rauchfang
Die Bruchsteine wurden mit dem Spachtel modelliert und patiniert, bevor die Fugen in einem sehr ähnlichen Ton gezogen wurden.

Dekoration als Hinterglasmalerei

Diese Technik, die von dem Glanz und dem Schutz durch die Glasplatte profitiert, wurde ebenfalls von Schriftenmalern genutzt und für Ladenschilder, Symbole und Schaufensterdekorationen weiterentwickelt.

Logischerweise bietet sie sich vor allem für einfache Dekors an, die keine genaue Ausarbeitung erfordern. Andernfalls sollte man lieber zur Malerei auf Stoff greifen, die sich bei komplizierteren Modellen mit mehreren Lasuren leichter und schneller erledigen läßt.

Gemalte Dekors auf der Rückseite von Glas eignen sich für:

- verzierte Glasplatten von niedrigen Tischen,
- dekorative Bilder mit Rahmen,
- Werbetafeln für berufliche Zwecke (Firmenschilder, Logos, Symbole etc.).

Bevor wir uns mit den erforderlichen Schritten für diese Technik befassen, sei an die beiden folgenden Hauptschwierigkeiten erinnert:

1. Man muß die Motive spiegelverkehrt auf die Rückseite malen, weil sie von der anderen Seite der Glasplatte betrachtet werden. Beispiel: Eine Inschrift wird mit spiegelverkehrten Buchstaben von rechts nach links gemalt. Das erfordert eine Vorzeichnung im Maßstab 1:1. Diese kann aus einer Pause bestehen, die man seitenverkehrt unter das Glas legt, oder aus einer ebenfalls spiegelverkehrten Schablone.
2. Man malt zuerst, was normalerweise zuletzt an die Reihe kommt. Beispiel: Für das Relief eines Motivs wird das Spiel von Licht und Schatten vor dem eigentlichen Farbgrund an die korrekten Stellen auf das Glas aufgetragen. Für die Imitation von Holz erfolgt das zweite Lasieren mit der Schattierung und der Wimmerung vor der allgemeinen Maserung, durch die sie sich ergibt; der gleichförmige Grundton wird zum Abschluß angebracht (einschließlich des Stupfens, falls eine Körnung erforderlich ist).

Wichtig: Für eine aufwendige Hinterglasmalerei benötigt man neben der Pause einen Farbentwurf im selben Maßstab mit allen Details von Licht und Schatten, sämtlichen Schraffuren, hervorgehobenen oder konturierten Stellen etc., um sie in der richtigen Reihenfolge an die exakten Stellen auf das Glas zu malen. Für die Imitation von Holz, Marmor und anderem Material ist dies nicht erforderlich, sofern man über etwas Praxis verfügt.

Wie bei den Tuchen, die unter Glas aufgezogen werden, hängt auch hier alles von der Wahl der Farben und der dekorativen Themen ab (s. S. 32).

ALTE SCHAUFENSTERVERZIERUNG EINES RESTAURANTS
Hinterglasmalerei in Creme und Goldgelb. Die Blattadern werden als erstes ausgeführt, also vor den eigentlichen Blättern.

BLUMENDEKOR ALS UNTERGLASMALEREI
Mit Innenbeleuchtung bei Nacht
Apotheke, Seine-Saint-Denis

BUCHSTABE ALS HINTERGLASMALEREI
Ausschnitt mit Umrahmung aus Blattgold und breiter schwarzer Kontur. Der Hintergrund aus einer Marmorimitation wird zuletzt gemalt, wobei man mit der Hauptmaserung beginnt.

Die Technik

Man kann sowohl Ölfarben (in Tuben) als auch Alkydharz- und Acrylfarben verwenden.
Die folgenden Erklärungen beziehen sich auf diese Farben und setzen das Vorhandensein einer Pause oder einer Schablone voraus, um das gesamte Motiv auf das Glas übertragen zu können.

Einfache Dekorationen mit deckenden Farben
Einzelne Elemente aus flachen Farben (Motive, Streifen etc.) und Farbschicht über die gesamte Fläche als Hintergrund (Beispiel 1).
- Malen Sie das Hauptmotiv mit dem Pinsel. Nehmen Sie dafür eine transparente Pause oder eine Schablone zur Hilfe.
- Legen Sie die Streifen mit einem Pinsel oder mit Hilfe von Abdeckbändern an.
- Überziehen Sie die gesamte Fläche mit einer neutralen Farbschicht aus Seidenglanzlackfarbe.

Aufwendigere Dekorationen
Malen Sie zunächst die Konturen aller Bildelemente (einschließlich der schmalen Striche, Ränder, verschlungenen Linien etc.), und tragen Sie den Grundton aus mehreren nahe beieinanderliegenden Nuancen innerhalb der Begrenzungen auf (Beispiel 2).
- Konturieren Sie die Blütenmotive mit einem Rotmarderpinsel entsprechend der Pause.
- Füllen Sie die Blüten und Blätter mit den jeweiligen Farben, und gehen Sie bis auf die Konturen, ohne diese vollständig zu übermalen.
- Legen Sie den allgemeinen Grundton in zwei Nuancen an. Nutzen Sie die zuvor gezogene Begrenzung zwischen dem Hintergrund und dem harmonisch geschwungenen mittleren Feld.

Dekorationen mit plastisch wirkenden Ornamenten
Mit als erstes angelegtem Spiel von Licht und Schatten sowie Lasur- und Untergrundfarbe zur Imitation des Materials (Beispiel 3).
- Malen Sie Lichter und Schatten, wie sie in dem unter dem Glas liegenden Entwurf erscheinen.
- Malen Sie das eigentliche Ornament in einem einheitlichen Ton, indem Sie den Linien des Entwurfs folgen oder sich an die zuvor angelegten Lichter und Schatten halten.
- Tragen Sie Lasurfarbe auf, und versehen Sie diese in zwei Schritten mit einer Holzmaserung, indem Sie die vier gegenüberliegenden Abschnitte des Hintergrunds nacheinander abdecken.
- Legen Sie einen neutralen warmen Holzton über die gesamte Fläche (Lichter Ocker mit etwas Weiß, einer Spur Chromgelb und Orange).

Die einzelnen Schritte auf der Rückseite | Die fertige Arbeit unter Glas

Beispiel 1

Beispiel 2

Beispiel 3

Dekoratives Hinterglasbild mit Rahmen

Motiv als Silhouette auf gleichförmigem schwarzem Hintergrund

- Fertigen Sie die Vorzeichnung auf Pauspapier an (Maßstab 1:1).
- Befestigen Sie diese Zeichnung seitenverkehrt auf der Vorderseite der Glasscheibe.
- Ziehen Sie die goldenen Konturen mit einem Rotmarderpinsel (pulverförmige Bronze plus Lasurfarbe oder Bronzetinktur), und folgen Sie dabei den Umrissen der Zeichnung (Abb. 1).
- Stellen Sie den schwarzen Hintergrund aus ein oder zwei Anstrichen Lackfarbe her (hoch- oder seidenglänzend), so daß der Hintergrund vollkommen undurchsichtig wird. Reinigen Sie diesen zuvor von eventuellen Verschmutzungen aus den vorigen Arbeitsschritten.

Anmerkung

Andere Möglichkeiten, vergoldete Partien hinter Glas zu erhalten (Bronzen, Blattgold), siehe „Metallisierung unter Glas“ (S. 12 und 13).

Abb. 1: Dekoratives Unterglasbild mit Rahmen

Mit seiner Tiefe und Brillanz bringt der schwarze Fond den Goldton gut zur Geltung. Der Rahmen macht das Schleifen der Glaskanten überflüssig.

Werbetafel

Für diese Apothekertafel muß die Reihenfolge der Schritte unbedingt genau eingehalten werden.

- Legen Sie die braunen Umrisse der Schlange und die beigen Umrisse für die beiden Apothekergefäße an.
- Tragen Sie die gelbe Farbe für den oberen Rand des mittleren Gefäßes auf.
- Legen Sie den Körper der Schlange mit blassem Grün aus.
- Legen Sie eine leichte Lasur auf die Kanten und Ränder der Apothekergefäße, um diese zu schattieren.
- Legen Sie ockerfarbene Lasur auf das mittlere Gefäß, und stupfen Sie es vollständig.
- Malen Sie die Beschriftung auf die Gefäße, und folgen Sie dabei den seitenverkehrten Buchstaben der Vorzeichnung (Abb. 2).
- Tragen Sie die Grundfarben auf die drei schattierten Gefäße auf.
- Ziehen Sie die schmalen grünen Streifen rings um das Kreuz und die Sockel der Apothekergefäße (Abb. 3).
- Legen Sie kräftige grüne Lasurfarbe auf das Kreuz und die Sockel, und bearbeiten Sie diese mit einem „Schläger“ (spezieller Flachpinsel), um eine Körnung zu erhalten.
- Tragen Sie den mittleren Grünton als Grund auf das Kreuz und die Sockel.
- Legen Sie eine braunrote Lasurfarbe auf den restlichen Hintergrund, ohne sich sonderlich um die Umrisse zu sorgen. Imitieren Sie den Granit durch Stupfen, Tupfen und Sprenkeln (Abb. 4).
- Tragen Sie den allgemeinen Hintergrund aus einem Terracottaton auf.
- Beenden Sie die Arbeit mit einem Schutzanstrich in einem neutralen Ton.

Abb. 2: Werbetafel
Von vorn gesehen mit der Schattierung und der Beschriftung der beiden Apothekergefäße sowie dem fertigen mittleren Gefäß hinter Glas

Abb. 3: *Rückseite mit dem Elfenbeinton für den Untergrund der Gefäße und den grünen Strichen als Begrenzung für das Kreuz und die Sockel.*

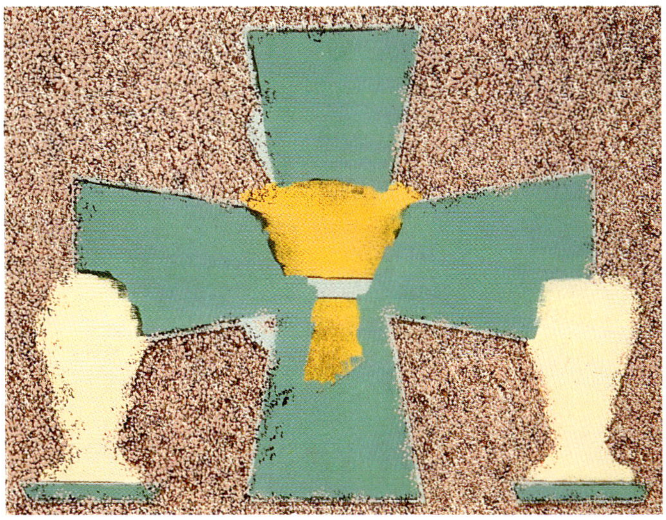

Abb. 4: *Rückseite mit der Farbe für den Fond ohne die Umrisse sowie die beiden Töne (hell und dunkel), die mit dem Schwamm strukturiert wurden.*

Die fertige Arbeit von vorn: Die dritte gesprenkelte Nuance besteht aus dem deckenden Terracottaton, der teilweise durch die ersten strukturierten Schichten scheint.

Serviertablett

Symmetrische Blumenmotive und Arabesken
Das Tablett wird mit Hilfe sorgfältiger Konturen angefertigt, die die anschließende Anlage der Farben ohne präzise Begrenzung erleichtern.

- Stellen Sie die Umrisse und Linien für die Blumenmotive und Arabesken mit einem Rotmarderpinsel in Siena natur her, indem Sie der unter dem Glas liegenden symmetrischen Vorzeichnung folgen (die in diesem Fall nicht seitenverkehrt zu sein braucht).
- Zeichnen Sie die goldgelben Umrisse für die Blütenblätter.
- Legen Sie die Farben des Motivs als Abstufung in Smaragdgrün an (nach vorheriger Numerierung der jeweiligen Position im Bild).
- Granieren Sie die Blütenblätter mit Orange.
- Malen Sie die Blütenblätter mit Hellgelb aus.
- Legen Sie Dunkelgrün auf die gesamte Fläche, und heben Sie es durch Tupfen mit einem leicht in Spiritus getauchten Schwamm wieder ab.
- Tragen Sie einen Grund aus Mittelgrün auf die Fläche (aus der Skala von Smaragdgrün).
- Beenden Sie die Arbeit mit einem rückseitigen Schutzanstrich.

Ensemble der Umrisse und Linien

Grüne Abstufungen und Hervorhebung der Blütenblätter, von vorn gesehen

Dieselbe Arbeit mit Überlagerung der Umrisse von hinten. Bei der rechten Blüte fehlt noch die Blattfarbe.

Allgemeine Ratschläge

- Überzeugen Sie sich vor jedem neuen Schritt von der Sauberkeit der Glasscheibe, und reinigen Sie diese bei Bedarf mit einem sauberen weichen Tuch und Brennspiritus.
- Machen Sie vor dem Auftragen der Farben und Lasuren, dem Stupfen und der weiteren Imitation von Materialien eine Probe auf einer gesonderten Glasscheibe, um das farbliche Ergebnis vorab zu beurteilen und eventuell zu korrigieren.
- Um ein Durchscheinen der teilweise kontrastierenden Hintergrundfarben zu verhindern, überprüfen Sie, ob alle vollständig ausgemalten Elemente deckend sind, indem Sie ein Blatt Buntpapier unter das Glas legen oder es gegen das Licht halten. Sollte eine weitere Farbschicht erforderlich werden, brauchen deren Umrisse nicht allzu präzise zu sein.
- Bei kunstvoll ausgearbeiteten Motiven, kleinen Inschriften etc. sollte man die Umrisse mit Hilfe einer sauber gestochenen Pause direkt auf die zu bemalende Stelle übertragen, da die Glasstärke eine präzise Wahrnehmung der unterlegten Zeichnung verhindert.
- Alle Hinterglasarbeiten müssen zum Abschluß gegen Beschädigung und diverse Umweltschäden mit ein oder zwei Lackschichten (hoch- oder seidenglänzend) in einem neutralen dunklen Ton geschützt werden.

Imitation von asiatischen Lackarbeiten

Die Lacktechnik umfaßt eine Reihe präziser Arbeitsschritte, die vom Furnieren über zahlreiche Grundierschichten, zarte Gravuren, eventuelle Einlegearbeiten und Vergoldungen, Malen des Dekors bis zu mehreren nacheinander geschliffenen Lackschichten etc. reichen, damit ein ganz besonders reizvolles Objekt mit intensivem Glanz bei völliger Glätte entsteht, eben eine Lackarbeit. Die chinesischen Lackarbeiten, die dieser Kunst zugrunde liegen, haben Schule gemacht. Künstler zahlreicher Länder bemühen sich mit unterschiedlichen Methoden, das gleiche Ergebnis zu erreichen.

Heutzutage entstehen Lackpaneele, Lackmöbel und Paravents nur noch in wenigen Werkstätten entweder auf traditionelle Weise von Hand oder industriell mit maschinellem Auftrag der Grundierung und einer Kunstharzbeschichtung.

Ebenso wie Kirchenfenster und Glasgravuren können echte Lackarbeiten nicht von Hobbykünstlern angefertigt werden. Ziel dieses kurzen Kapitels ist es daher, aufzuzeigen, wie sich die Arbeiten imitieren lassen. Es sei jedoch darauf hingewiesen, daß die Ergebnisse nicht mit echten Lackarbeiten zu vergleichen sind.

Folgende Merkmale sind für echte Lackarbeiten charakteristisch:

- übliche Farbe des gleichförmigen oder strukturierten Hintergrunds,
- „chinesische" Themen oder Motive,
- makelloser Glanz der Schlußbehandlung.

Während die ersten beiden Merkmale für den Maler und den geschickten Hobbykünstler erreichbar sind, ist das Verfahren für die Glanzbehandlung äußerst schwierig. Man kann es durch eine raschere Methode ersetzen, bei der ein mittlerer Glanz mit glatter Oberfläche entsteht.

Grundprinzip für die Imitation von asiatischem Lack

Nach der entsprechenden Grundierung des gewählten Malgrunds (Spanplatte: unbehandelt oder kunststoffbeschichtet) legt man einen gleichmäßigen farbigen Grund aus zwei Schichten seidenglänzender Alkydharzlackfarbe an. Auf diesen Grund (der auch vorab mit Lasurfarbe strukturiert werden kann) malt man die einzelnen Motive nach einem zuvor angefertigten Farbentwurf.

Man beendet die Arbeit mit dem Polieren nach einer der Methoden, die auf Seite 88 aufgeführt sind.

Anwendung

Mit Hilfe der folgenden Angaben kann man diversen Gegenständen das Aussehen von asiatischen Lackarbeiten verleihen: Truhen, kleinen Objekten, dekorativen Tafeln, Paravents, Möbeltüren etc. Man darf jedoch nicht vergessen, daß die Technik nichts mit echtem Chinalack zu tun hat.

Echte Lackarbeiten

Platte eines niedrigen Tisches
Traditioneller Chinalack,
Gold auf schwarzem Grund

Detail eines Schranks
Goldenes Dekor auf
bernsteinfarbenem Grund

Seitenwand eines Möbels
im asiatischen Stil
Mehrfarbiges Dekor auf braunem Grund

Die Technik

Beispiel 1

- Übertragen Sie die Bleistiftzeichnung mit einer Pause auf die zuvor mit schwarzer seidenglänzender Farbe lackierte Fläche.
- Malen Sie die einzelnen Bildelemente mit einer Mischung aus pulverförmiger Bronze (Reichgold oder Grüngold) und Öllasurbindemittel, die für die deckenden Stellen dicker und für die Übergänge flüssiger gehalten werden muß.
- Tragen Sie den Schlußüberzug auf (siehe S. 88).

Beispiel 2

- Übertragen Sie die Bleistiftzeichnung mit Hilfe einer Pause auf die zuvor mit seidenglänzendem Ockerorange lackierte Fläche.
- Malen Sie die einzelnen Motivteile mit Siena gebrannt, Umbra gebrannt und einer mehr oder weniger ausgeprägten Öllasur entsprechend den Hauptkonturen und den untergeordneten Details.
- Wiederholen Sie diese Arbeit nach Bedarf mit den gleichen Farben.
- Tragen Sie die weiteren Farben auf (Blätter, Blüten und deren Umrisse).
- Fertigen Sie den Schlußüberzug an (siehe S. 88).

Geeignete Themen und Motive

Als unerläßlich bei der Anfertigung des Entwurfs (und der Pause oder der Schablone, die sich daraus ergibt) erweist sich eine gute Bibliothek mit Werken über die chinesische, japanische Kunst etc., die beim Zeichnen Hilfestellung gewährt: Berge und Gipfel, Insel und Inselchen, Baumsilhouetten, Pagoden, Brücken und Stege, Schiffe, Drachen, Vögel, Blumen, Gestalten, Friese zur Umrahmung etc. (siehe S. 89).

Anmerkungen über die Farben des Hintergrunds:
Der Hintergrund kann gleichförmig, gesprenkelt oder mit pulverförmiger Bronze betont sein. Unter Bezugnahme auf echten Chinalack, der in der Mischung nicht mehr als vier Naturfarben zuläßt, welche die natürliche Vernetzung nicht behindern, nennen wir dessen Originaltöne zuerst:

- **Schwarz** + Gold, Gelb, Orange, Siena natur, Siena gebrannt.
- **Rot** + Schwarz, Granatrot, Oxidgelb, Siena gebrannt, Grün.
- **Goldocker** + Umbra gebrannt, Umbra natur, Orange, Graugrün, Schwarz.
- **Grünbronze** + Gold, Gelb, Orange, Oxidgelb, Siena natur.
- **Bernsteingelb** + Gold, Umbra gebrannt, Orangegelb, Moosgrün.
- **Muschelrot** + Gold, Gelb, Orange, Umbra gebrannt, Graugrün, Schwarz.
- **Braun** + Gold, Gelb, Orange, Grün, Schwarz.
- **Granatrot** + Gold oder Kupfer, Oxidgelb, Orange, Graugrün, Schwarz.
- **Umbra natur** + Gold, Zitron, Oxidgelb, Orange, Siena natur, Moosgrün.
- **Havana** + Gold, Gelb, Orange, Siena gebrannt, Umbra gebrannt, Graugrün.
- **Ockerorange** + Gold, Gelb, Orange, Siena gebrannt, Umbra gebrannt, Moosgrün.
- **Türkisgrün** + Gold oder Silber, Oxidgelb, Siena natur, Umbra natur, Schwarz.

Nach der Angabe für den Grund folgen jeweils einige Vorschläge für das Dekor. Darüber hinaus kann man Abstufungen des Hintergrundtons, rosa Töne für Blumen, dunkle Bronzen (Medaillengold, Schweinfurter Grün), Elfenbein und imitierten Perlmutt verwenden.

Beispiel 1

Beispiel 2

Um die Arbeitsschritte für das Grundieren und den Schlußüberzug im Vergleich zu echtem Chinalack auf ein Minimum zu beschränken, hier einige nützliche Hinweise für den Amateur, der das Anlegen von glatten Schichten, also das sorgfältige Grundieren und Polieren von Lack, nicht voll beherrscht, das ausgebildeten Malern vertraut ist.

Zwei Möglichkeiten können sich ergeben:

1. Es handelt sich um einen neuen Malgrund. In diesem Fall wählen Sie am besten eine Holzplatte mit der Bezeichnung „melaminiert" (glatte Platte mit Kunststoffüberzug), „grundiert" (glatte Platte mit Grundierung) oder „medium" (unbehandelte Platte aus Holzfasern).
2. Es handelt sich um einen bereits bemalten oder lackierten Gegenstand (altes Möbel, kleines zu restaurierendes Objekt etc.).

Verfahren für neue Malgründe: dekorative Tafeln, Paravents, Türen, zu bemalende Möbel etc.

- Entfernen Sie alle Fingerabdrücke und Verschmutzungen mit Waschbenzin.
- Tragen Sie eine Grundierung aus einem speziellen Haftgrund auf (vom Typ Unigrund CWS, X'Prim oder ein ähnliches Produkt).
- Spachteln Sie, falls nötig, Unebenheiten der Platten mit Lackspachtelmasse aus.
- Streichen Sie einen farbigen Grund aus zwei Schichten seidenglänzendem Alkydharzlack.
- Überziehen Sie die Fläche mit farbiger Öllasur. Fertigen Sie mit einem Schwamm und/oder eingestreutem Bronzepulver einen getupften, gesprenkelten oder granierten Grund an (siehe S. 87). Diesem Arbeitsgang folgt eine gut verlaufende Schicht farblosen Seidenglanzlacks, um die Lasur gut zu fixieren.
- Übertragen Sie die Vorzeichnung mit einer Schablone oder einer Pause.
- Malen Sie die einzelnen dekorativen Elemente mit Ölfarbe, Acrylfarbe etc. Vermeiden Sie Pinselstriemen und Ansätze.
- Stellen Sie die abschließende Politur her (siehe unten).

Verfahren für bereits bemalte oder lackierte Teile: Möbel, Truhen, Holztäfelungen etc.

- Schleifen Sie die alten Farben oder Lacke mit mittelfeinem Schmirgelpapier an (zum Beispiel Nr. 320), bis Sie einen absolut glatten Untergrund erhalten haben.
- Streichen Sie die erste Schicht mit dem bereits erwähnten Spezialhaftgrund.
- Spachteln Sie, falls nötig, Unebenheiten mit einer Lackspachtelmasse aus, und fahren Sie wie bei dem ersten Beispiel fort.

Herstellung des abschließenden Glanzes

Die klassische Schlußbehandlung kann durch einige andere Methoden ersetzt werden:

- Verwendung von Möbel- oder Autopolitur, die man als Spray oder mit einem Lappen aufträgt und mit einem Wolltuch poliert. Es entsteht ein Seidenglanz.

- Verwendung von hochglänzendem farblosem Acryllack auf Wasserbasis, den man mit dem Pinsel aufträgt. Man erhält einen stärkeren Glanz, der jedoch möglicherweise Untergrundstrukturen erkennen läßt. Eventuell kann man auch eine Acrylemulsion für Kunststoffböden verwenden und mit einem Tuch polieren.

Für eine sorgfältigere Schlußbehandlung muß man zwei Schichten seidenglänzenden Alkydharzlack auf die Fläche auftragen, diese mit feinem Schmirgelpapier (zum Beispiel Nr. 600) leicht anschleifen und zum Abschluß mit dem bereits genannten Hochglanzacryllack überziehen.

Entwurf auf türkisgrünem Grund
Himmel aus weißlicher, mit zerknülltem Tuch bearbeiteter Lasurfarbe sowie den Hauptbildelementen in Siena natur und Oxidgelb

Diverse Deatails
Elemente dieser Art sind kennzeichnend für dekorative Kompositionen im chinesischen Stil

Bleiglasfenster

Das traditionelle Bleiglasfenster besteht aus kleinen farbigen Scheiben, die mit Bleiruten zusammengefaßt sind und eine dekorative Komposition ergeben. Es wird von Metallstäben oder gemauerten Stürzen gehalten.
Berufskünstler dieses Metiers verwenden hauptsächlich altes mundgeblasenes Farbglas. Aber auch gezogenes, beschichtetes oder mit Sandstrahl mattiertes Glas, Reliefglas und selbst Sicherheitsglas lassen sich verwenden, letzteres für zeitgenössische Werke. Neben der Nutzung der zahlreichen Farbtöne des eigentlichen Glases kann man wahrhaft leuchtende Gemälde darauf anfertigen, die nach dem Brennen im Ofen absolut haltbar sind. Die traditionelle Schwarzlottechnik, mit der man die Gesichtszüge unterstreicht und Schatten und Details hervorhebt, läßt sich heute allen Stilen von der Klassik bis zur Moderne anpassen.
Ausgangspunkt für ein echtes Bleiglasfenster ist ein sogenannter Karton (farbiger Entwurf in der Originalgröße), aus dem man anschließend Schablonen anfertigt. Diese benötigt man zum Zuschneiden des Glases in den verschiedenen Farben. Nach dem ersten provisorischen Zusammensetzen kann man die Schwarzlotmalerei ausführen und im Ofen brennen. Beim abschließenden Verbleien werden die einzelnen Glasstücke in Bleiruten mit doppelter Nut gefaßt und verlötet.

Imitation von Bleiglasfenstern

Mit selbstklebender transparenter Farbfolie: Wie zur Imitation von Mattglas kann man die in der Werbung genutzte Farbfolie ebenfalls zur Nachahmung von gleichmäßig gefärbtem Fensterglas verwenden. Auch in diesem Fall erfordern die Handhabung und das Anbringen mit einem Holz- oder Gummispachtel ein gewisses Können und die genaue Befolgung der Gebrauchsanweisung.
Die zweite Methode besteht aus der Verwendung von Speziallack und selbstklebendem Bleiband. Diese Technik wollen wir nun beschreiben.

Grundprinzip für imitierte bemalte Bleiglasfenster
Man zeichnet das Motiv mit allen Begrenzungslinien für die unterschiedlich kolorierten Flächen und die Lage des Bleibandes auf Zeichen- oder Pauspapier. Die Kolorierung zur Ermittlung der Harmonieskala kann vollständig oder teilweise erfolgen.
Nachdem die Farben mit Speziallack auf das Glas aufgetragen worden sind, wobei man sich an die Umrisse der unter die Scheibe geklebten Zeichnung hält, erfolgt die Anlage der Bleibänder.

Echte Buntfenster

AUSSCHNITT EINES BLEIGLASFENSTERS AUS GETÖNTEM RELIEFGLAS
Ausführung: Restaurierungsatelier France Vitrail

KLASSISCHES BEMALTES BLEIGLASFENSTER
Die Farbe wird auf die rechteckigen Felder aufgetragen

MODERNES BLEIGLASFENSTER
Motiv mit Schwarzlotmalerei in einer Eingangshalle
Ausführung: France Vitrail

Für die Imitation von Bleiglasfenstern gibt es mehrere Schwierigkeitsgrade.

1. Einfaches Bleiglasfenster. Man fertigt es mit Hilfe eines rechteckigen oder rautenförmigen Rasters an, nimmt darin nach Wunsch ein einfaches zentrales oder versetztes geometrisches Muster auf und koloriert das Glas mit zwei oder drei harmonischen Farben. Die Wirkung eines Bleiglasfensters wird verstärkt, wenn man zusätzlich die Diagonalen der Rechtecke einzieht, einen rautenförmigen Raster anlegt und diesen mit Farbe verstärkt (Abb. 1).
2. Kompliziertere geometrische Kompositionen mit symmetrischem Motiv aus geraden und gekrümmten Linien. Berücksichtigen Sie bei der Erarbeitung des Musters die Stellen für das später aufzuklebende Bleiband, das die Hauptkonturen angenehm unterstreicht. Manche symmetrischen Motive lassen sich bereits mit einem Viertel oder der Hälfte der Vorzeichnung übertragen (Abb. 2).
3. Dekorative Komposition mit gemäldeartig gestalteten Details und ausgearbeiteten nuancierten Schatten. Auch in diesem Fall muß die Unterteilung der Glasscheiben durch das Bleiband mit äußerster Sorgfalt erfolgen, um das logische Aussehen des Bleiglasfensters zu gewährleisten (Abb. 3).

Anmerkung: Eine Mischung der Schwierigkeitsgrade ist selbstverständlich möglich. Das Bleiglasfenster kann zum Beispiel einen schlichten rechteckigen Raster in hellen Farben enthalten, der von einem kunstvollen, teilweise gemalten Fries als Rahmen ergänzt wird.

Beispiel für ein einfaches geometrisches Bleiglasfenster (Abb. 1)

- Zeichnen Sie das geometrische Grundmuster auf Papier, und kleben Sie dieses auf die Rückseite der Glasscheibe.
- Tragen Sie die einzelnen Töne nacheinander mit Speziallackfarbe auf. Füllen Sie die Flächen rasch mit einem Rotmarderpinsel. Lassen Sie die Arbeit über Nacht trocknen.
- Bringen Sie am nächsten Tag das Bleiband an.

Beispiel für eine dekorative Komposition mit geschwungenen Linien (Abb. 2)

- Fertigen Sie die Zeichnung des Motivs auf Papier an, und befestigen Sie diese auf der Rückseite der Glasscheibe.
- Tragen Sie nacheinander die einzelnen Farben auf. Durch Numerieren der einzelnen Töne auf dem Papier kann man eventuelle Irrtümer verhindern.
- Befestigen Sie das Bleiband sorgfältig; beginnen Sie mit den Hauptumrissen.

Beispiel für eine gemäldeartige Komposition (Abb. 3)

- Fertigen Sie eine Vorzeichnung auf Papier an, und berücksichtigen Sie dabei die vorgesehene Stückelung der einzelnen Bildelemente. Befestigen Sie die Zeichnung auf der Rückseite.
- Tragen Sie die Farben auf, nachdem Sie zuvor Probestriche auf einer Extrascheibe angefertigt haben.
- Malen Sie die Details und die Nuancen entweder auf die freigelassenen Stellen oder auf die zuvor angelegte Speziallackfarbe.
- Befestigen Sie das Bleiband.

Allgemeine Ratschläge siehe Seite 94.

Abb. 1: Einfaches geometrisches Dessin in einem Glastürrahmen

Abb. 2: Geometrische Komposition
Aufgestufte Töne auf einer von hinten beleuchteten Fläche

Abb. 3: Stilisierte Landschaft in dem grossen Glasfenster einer Eingangshalle

Imitierte Bleiglasfenster eignen sich in erster Linie für Möbel mit Glastüren, imitierte Nischen (mit Innenbeleuchtung), die Leuchtkästen und in die Decke eingelassene Rahmen der modernen Architektur, Glastüren, Oberlichter, Fenster etc.

Beispiel für ein Fenster (siehe gegenüber)
- Fertigen Sie eine Zeichnung in der Originalgröße auf Pauspapier an. Übertragen Sie die Vorlage auf ein zweites Blatt. Dann können Sie die Farben für die beiden Fensterflügel gleichzeitig anlegen. Befestigen Sie das Papier unter den Glasscheiben.
- Malen Sie zunächst die hellgelben und anschließend die mittelgelben Rechtecke.
- Malen Sie die hervorgehobenen geschwungenen Linien für die Pflanzenstengel.
- Schattieren Sie die Stengel leicht.
- Kleben Sie das Bleiband zu beiden Seiten auf die Flügel auf.

Allgemeine Ratschläge

Die sogenannten „Glasfarben" bestehen aus einer Lackfarbe, die herrlich transparent ist, aber rasch trocknet. Daher muß man bei der Anfertigung des Entwurfs die Größe der einzelnen Scheiben begrenzen. (Sie dürfen die Maße einer Postkarte nicht überschreiten).
Die Farbe muß zügig in eine Richtung ausgestrichen und eventuell in die anderen Töne verlaufend aufgebracht werden. Verwenden Sie dafür weiche flache Künstlerpinsel (aus gelboranger Kunstfaser) sowie Rotmarderpinsel.
Die meisten „Glasfarben" können zweifach aufgetragen und überlagert werden. Manche Farben lösen sich dadurch jedoch wieder an. Um diesen Nachteil auszugleichen und Details, Nuancen etc. hinzufügen zu können, sollte man den ersten Auftrag mit farblosem Copallack fixieren.
Hat man aufwendige Details mit Lasurfarbe oder Ölfarbe in Tuben gemalt, fixiert man diese anschließend ebenfalls mit Copallack.
Fertigen Sie in jedem Fall eine Probe auf einer gesonderten Glasplatte an. Bewahren Sie diese auf, um sie später ggf. mit weiteren Farben versuchsweise übermalen zu können.
Für die Imitation der Bleifassungen gibt es mehrere Möglichkeiten:
- Selbstklebende Bleibänder (mehrere Breiten) sorgen für den besten Eindruck eines Bleiglasfensters. Sie eignen sich ideal für gerade Linien, können mit ein wenig Übung aber auch für Krümmungen verwendet werden.
- Spezialpaste in Tuben, mit der man auch die gewundensten kolorierten Abschnitte eines Frieses bleiähnlich einfassen kann.
- Graue Metalleffektfarbe kann die zuvor genannten Produkte ersetzen, falls die Arbeit aus der Ferne oder im Gegenlicht betrachtet werden soll. Dazu umreißt man die Konturen der kolorierten Abschnitte mit einem schmalen Streifen aus einer Mischung von seidenglänzendem Lack, pulverförmiger Aluminiumbronze (weiße Bronze) sowie einer Spur schwarzer Ölfarbe.

DETAIL EINES ECHTEN BEMALTEN BLEIGLASFENSTERS
Nach Mucha. Die Imitation der geschwungenen Bleibänder erfordert die Verwendung von „Konturfarbe" in Tuben, die das Relief der Bleirouten vortäuscht.
Ausführung: Atelier France Vitrail.

ZWEIFLÜGELIGES FENSTER MIT IMITIERTER BLEIVERGLASUNG
Der rechteckige Raster besteht aus selbstklebenden Bleibändern auf der dekorierten Innenseite. Die waagerechten Streifen kreuzen die senkrechten, ohne geschnitten worden zu sein. Auf der Außenseite wurde das Blei, selbst von nahem kaum sichtbar, durch schmale Farbstreifen ersetzt.

Glossar

Abdeckmaterial: Klebebänder unterschiedlicher Breite, selbstklebender Film als Einzelblätter oder Rolle, abziehbare Lacke sowie die althergebrachten Zinn- und Bleifolien.

Anlegeöl (Mixtion): Spezialkleber für die mit Blattgold zu dekorierenden Stellen. Das Gold wird aufgetragen, sobald das Anlegeöl angezogen hat.

Blattgold: Es ist als „loses" Gold in Heft- oder Buchform sowie als sogenanntes Transfergold erhältlich. Letzteres kann man zum Übertragen in die Hand nehmen, da jedes Blatt auf der Rückseite mit einer feinen Papierkaschierung versehen ist.

Bronzen: Pulverförmige Metallpigmente (Kupfer, Zink, Zinn, Aluminium) in unterschiedlichen Nuancen: Bleichgold, Reichgold etc. sowie Silber und Kupfer. Sie werden mit einer speziellen Bronzetinktur oder mit Öllasurfarbe gemischt, wobei letztere fixiert werden sollte.

Konturieren: Unterstreichen eines Motivs, indem man es mit einem feinen Streifen in einer anderen Farbe umgibt. Beispiel: Einfassen eines gemalten Buchstabens.

Lavieren: Verwaschen der Begrenzungen aus Öl- oder Lasurfarbe mit einem trockenen Pinsel, um einen weichen Übergang zu erhalten.

Mixtion: siehe Anlegeöl

Oberflächenstrukturierung: Tupfen, Stupfen oder Überlagern mehrerer Nuancen bzw. Farbmischungen mit einem Schwamm, einem Tuch etc. auf einfarbigem Grund.

Pause: Perforierte Schablone. Man erhält sie, indem man ein Motiv auf festes Papier überträgt und die Konturen mit einer Nadel durchsticht. Die Übertragung der Zeichnung erfolgt mit einem sogenannten Pausbeutel, der etwas Talkum, Schlämmkreide, Oxidgelb etc. enthält.

Schablone (negative): Vorzeichnung auf festem Material, bei der die zu kolorierenden Stellen ausgeschnitten werden. Für jede Farbe benötigt man eine gesonderte Schablone.

Schablone (positive): aus festem Material geschnittenes Motiv (Schablonenkarton oder Folie), das rasch vervielfältigt werden kann. Dazu zieht man die Umrisse mit einem Bleistift nach.

Schlagschnur: helle tressierte Kordel, die mit einem Pulver (Schlämmkreide etc.) oder Papierkohle bedeckt ist und zwischen zwei Punkten gespannt wird. Mit ihr erhält man mühelos lange gerade, leicht zu entfernende Linien (sog. Schnurschläge).

Umreißen: Äußerst sorgfältiges Umzeichnen von Konturen, Reliefs etc. mit einem feinen Pinsel und Farbe anhand einer Vorzeichnung, ohne über den Rand zu geraten.

Wasserfestes Schmirgelpapier: Dieses Schleifpapier ist für nasse Flächen gedacht (im Gegensatz zu Trockenschmirgelpapier), damit die Kratzer auf ein Minimum reduziert werden. Halten Sie die Fläche ständig mit einem Schwamm feucht, und säubern Sie diese zum Abschluß. Wasserfestes Schmirgelpapier gibt es in den Stärken 60 bis 1000.